Silke Hubrig

Aktive Entspannungsideen für 3- bis 6-Jährige

Spiele, Massagen, Konzentrationsübungen und Fantasiegeschichten zum Mitmachen

Cornelsen

Lektorat: Mareike Kerz Lektorat & mehr, Mainz
Umschlaggestaltung: Ungermeyer, grafische Angelegenheiten, Berlin
Innenlayout & Technische Umsetzung: Thomas Krauß, krauß-verlagsservice, Niederschönenfeld
Umschlagfotos und Fotos im Innenteil: © Sunny studio – fotolia.com (Kind auf dem Kopf stehend); © Сергей Чирков – fotolia.com (Pusteblume); © Ilya Akinshin - shutterstock.com (Seifenblasen); © CroMary – shutterstock.com (Mädchen mit Regenschirm); © Simone Malag – fotolia.com (Kugeln)

www.cornelsen.de

1. Auflage, 1. Druck 2016

Druck: Beltz Bad Langensalza GmbH

ISBN 978-3-589-15015-1

Wechsel von An- und Entspannung

Berührungen und Massagen

Konzentration und Wahrnehmung

Atementspannung

Vorwort

Kinder haben ein großes Bedürfnis nach Bewegung. Daneben hat jedes Kind auch ein Bedürfnis nach Entspannung. Die Fähigkeit, sich entspannen zu können, ist ein zentraler Faktor für eine gesunde kindliche Entwicklung. Nur im entspannten Zustand kann sich der Körper regenerieren und Erlebnisse können verarbeitet werden. Kinder, die eine gute Mischung von An- und Entspannungsphasen im Alltag haben, sind in der Regel innerlich ausgeglichen und kommen mit den Alltagsanforderungen zurecht. Nicht alle Kinder schaffen es, ihrem Bedürfnis nach Entspannung und Ruhe von allein nachzukommen und sich beispielsweise aus dem Kitageschehen zu lösen. Angespannte Kinder, die von selber oftmals nicht zu sich und zur Ruhe finden können, laufen innerlich auf Hochtouren. Auf Dauer werden sie nervös und überdreht. Sie brauchen Angebote, mit denen körperliche und psychische Spannungen abgebaut werden können und eine Entspannung eintritt.

Es gibt verschiedene Arten und Wege, um Kindern Entspannung zu ermöglichen. Manche Kinder, insbesondere junge, schaffen es allein, sich zu entspannen, sie klinken sich aus und ziehen sich einen Moment zurück. Kleine Kinder schlafen möglicherweise einfach in der Kuschelecke ein. Andere Kinder brauchen Hilfe, um eine Pause einzulegen und eine Entspannungszeit zu nehmen. Für manche Kinder ist eine „Traumreise“ hilfreich. Nicht wenige Kinder können aber mit den Entspannungsangeboten, bei denen sie passiv sind und still sein müssen, nicht viel anfangen. Durch die Passivität, Ruhe und Stille spüren sie ihre Unruhe noch stärker. Für sie sind Entspannungsübungen, die mit Aktivität verbunden sind, besser. Auch die Konzentration auf einzelne Wahrnehmungen kann entspannend wirken. Manche Kinder entspannen sich auch besonders durch angenehme Berührungen oder durch die Konzentration auf die Atmung. Im Praxisteil dieses Buches stehen daher diese aktiven, erlebnisorientierten, spielerischen Entspannungsangebote im Vordergrund. Entspannungsverfahren oder -techniken wie z. B. Progressive Muskelentspannung oder Autogenes Training, werden in diesem Buch hingegen nicht beschrieben, da die Kita den Rahmen für das Einüben und Durchführen solcher Entspannungstechniken im normalen Alltag nicht leisten kann.

Ich wünsche Ihnen und den Kindern viele entspannte Momente im turbulenten Kita-Alltag!

Ihre *Silke Hubrig*

Grundlagen zur Entspannung in der Kita

Entspannung – ein Grundbedürfnis des Menschen

„Nun atme mal tief durch!", „Sitz doch endlich mal still!", „Du sollst gehen und nicht rennen!", „Die Kinder sind heute besonders laut. Ich muss mich mal kurz hinsetzen und ich will einen Moment nichts hören und nichts sehen …!" Jeder kennt das Bedürfnis nach Entspannung aus dem alltäglichen Leben und auch aus dem pädagogischen Alltag. Jedoch ist das bei jedem Menschen anders ausgeprägt: Was für den einen kein Problem ist (z. B. Krach, Hektik), ist für den anderen schon zu viel. Auch die Art, wie mit alltäglichen Anforderungen umgegangen wird, ist immer individuell. Daher ist es an einem Ort wie der Kita, wo sehr viele unterschiedliche Menschen zusammenkommen, sehr wichtig, dass auf die Bedürfnisse aller eingegangen werden kann, denn Entspannung ist ein genauso elementar für jeden Menschen wie Bewegung.

Was bedeutet *Entspannung*?

Entspannung kann nur im Verhältnis zu Spannung gesehen werden. So kann zum Beispiel die Atmung nur mit einer Entspannungsphase, in der ausgeatmet wird, funktionieren. Entspannung ist ein natürlicher Prozess. Im wortwörtlichen Sinne geht es darum, sich zu ent-spannen, also die Anspannung zu lösen. Der angespannte körperliche Zustand, der erhöhte Muskeltonus, wird gelöst und der Mensch schaltet körperlich und psychisch auf Ruhe. **Entspannung ist also ein Zustand psychischer und physischer Gelöstheit.** Körperlich gehen damit Empfindungen wie Schwere, Wärme und Leichtigkeit einher und psychisch Gefühle wie Gelassenheit und Wohlbefinden.

Warum ist *Entspannung* für Kinder in der Kita wichtig?

Die Fähigkeit, sich entspannen zu können, ist ein entscheidender Faktor für die Gesundheit und eine gesunde kindliche Entwicklung. Nur im entspannten Zustand kann sich der Körper regenerieren. Die Kinder können sich auf sich, ihre Gefühle und ihre Wahrnehmungen konzentrieren und ihre Erlebnisse verarbeiten. So entsteht der Raum für kreative, neue Gedanken. Besteht im kindlichen Alltag eine gute Mischung aus Bewegung und Entspannung, so sind die Kinder ausgeglichen. Sie lassen sich von Alltagsanforderungen, wie beispielsweise Streit oder Frustrationen, nicht so leicht „aus der Bahn werfen". Gesunde Kinder schaffen es in der Regel allein, sich nicht zu sehr zu beanspruchen. Sie machen Entspannungspausen und setzen sich beispielsweise für ein paar Minuten nuckelnd auf den Schoß der pädagogischen Fachkraft oder legen sich auf das Sofa in den Gruppenraum und schlafen. Dieses natürliche Gefühl für Pausen kann sich mit zunehmender Alltagshektik verlieren. Der Alltag vieler Kinder ist durch Stress und Belastungen geprägt. Neben dem Kindergarten haben viele Kinder auch nachmittags einen vollen Terminkalender: montags zur musikalischen Früherziehung, dienstags zum Kinderturnen, mittwochs zum Tanzen ... Der Alltag ist von permanenten Reizen und Stimulationen von außen geprägt. Es fehlen Ruhepausen und auch Phasen von Langeweile. Die fehlenden Entspannungsphasen führen zu Dauerverspannungen und diese wiederum beeinträchtigen die Gesundheit. Schon bei Kindergartenkindern lassen sich die typischen Stresssymptome, wie Ein- und Durchschlafprobleme, Konzentrationsstörungen oder psychosomatische Beschwerden, beobachten (vgl. Friebel 2012, S.12). Viele Kinder sind permanent gestresst und damit unter Daueranspannung. Der Körper ist immer in Alarmbereitschaft und läuft auf Hochtouren. Das macht die Kinder nervös, überdreht und unruhig. Im schlimmsten Fall ist die natürliche Entspannungsfähigkeit der Kinder verschüttet. Sie sind nicht mehr in der Lage, selbstständig ihrem Bedürfnis nach Entspannung nachzukommen. Sie brauchen Angebote in der Kita, bei denen sie zur Ruhe, zu sich kommen und in denen körperliche und psychische Spannungen abgebaut werden. Für eine gesunde kindliche Entwicklung und Lebensweise ist im Kindergartenalltag ein Wechsel von Phasen der Anspannung und Bewegung sowie Ruhe und Entspannung unverzichtbar. Viel Bewegung und Aktion finden in der Kita (zum Glück) von allein statt. Auch die Phasen der Entspannung sollten von den Erzieherinnen bewusst berücksichtigt werden.

Wie funktioniert *Entspannung*?

Jeder Mensch hat ein somatisches und ein vegetatives Nervensystem. Das somatische Nervensystem, auch das willkürliche System genannt, ist beeinflussbar. Es betrifft die Muskeln, die bewusst und willentlich betätigt werden können. So kann der Mensch beispielsweise seine Finger oder die Beine bewegen, wenn er das möchte. Das somatische Nervensystem hat also mit körperlicher Aktivität, mit willkürlichen Bewegungen und Handlungen zu tun (vgl. Friebel 2012, S. 17). Im Gegensatz dazu ist das vegetative Nervensystem – das unwillkürliche, autonome System – nicht willentlich beeinflussbar. Dieses System ist zuständig für die Regulation von Organen, Herzschlag, Atmung, Verdauung, Durchblutung und Kreislauf. Es stimmt jedoch nur bedingt, dass das vegetative System nicht willentlich beeinflussbar ist: Durch geeignete Vorstellungsbilder, wie etwa genussvoll in eine süße Frucht zu beißen, lässt sich der Speichelfluss beeinflussen.

Das unwillkürliche, vegetative Nervensystem ist unterteilt in Sympathikus und Parasympathikus. Beide Systeme betreffen die inneren Organe und die Blutgefäße. Sie sind gleichzeitig aktiv, arbeiten jedoch gegensätzlich. Das sympathische System ist zuständig für Leistung. Seine Nervenimpulse wirken aktivierend auf die Organe. Die Nervenimpulse des parasympathischen Systems haben den gegenteiligen Effekt. Es ist für Ruhe und Regeneration zuständig. Während der Sympathikus beispielsweise die Atmung und Herzfrequenz beschleunigt, werden sie vom Parasympathikus verlangsamt (vgl. Friebel 2012, S. 18). Besteht zwischen dem Parasympathikus und Sympathikus ein Balancezustand, kann sich der Mensch entspannen (vgl. Petermann 2014, S. 73).

Wie reagiert ein Mensch auf *Entspannung*?

Entspannungsreaktionen wirken sich auf den ganzen Menschen aus, sowohl auf der körperlichen als auch auf der psychischen Ebene und als Folge dessen auch auf der sozialen Ebene und im Verhalten.

Im Prozess der Entspannung finden auf der körperlichen Ebene sehr spürbar **neuromuskuläre Veränderungen** statt: Der Spannungszustand der Muskulatur (Muskeltonus) wird reduziert. Durch möglichst wenig externe Reize (z. B. kein grelles Licht, keine lauten Geräusche oder eine entspannte Körperhaltung) werden aufsteigende Reize zum Gehirn vermindert. Das bewirkt eine Verminderung der absteigenden Signale zu den Muskeln, so dass der Muskeltonus reduziert wird. Dieser Kreislauf wird bei der Entspannung in Gang gehalten.

Auch die **kardiovaskuläre Veränderungen**, die bei der Entspannung auftreten, sind deutlich wahrzunehmen. Entspannung bewirkt einen vermehrten Blutfluss, was die Blutgefäße erweitert. Dieses wird oftmals in Form eines leichten Kribbelns in den Händen, Armen, Füßen oder Beinen spürbar. Eine weitere Entspannungsreaktion ist die Abnahme der Herzrate, also die Anzahl der Herzschläge pro Minute. Die Herzrate ist immer an körperliche und auch psychische Belastungen gekoppelt. Ist ein Mensch nur wenig oder gar nicht körperlich, emotional oder kognitiv beansprucht, sinkt die Herzrate. Dasselbe gilt für den Blutdruck. Ist ein Mensch nur wenig belastet und entspannt, sinkt er.

Eine weitere Entspannungsreaktion bezieht sich auf die **Atmung**. Im entspannten Zustand atmet der Mensch „in den Bauch" und weniger „in die Brust" (sog. Zwerchfellatmung). Bei der Entspannung wird das Atemzugvolumen geringer und die Atemfrequenz nimmt ab. Dadurch wird die Atmung flacher und regelmäßiger. Die Pausen zwischen dem Ein- und Ausatmen werden länger. So wie die Herzrate und der Blutdruck ist auch die Atmung an Belastung gekoppelt. Bei wenig oder keiner Belastung sinken die Atemfrequenz und das Atemvolumen.

Nicht unmittelbar spürbar, aber dennoch eine körperliche Entspannungsreaktion, ist die elektrische Leitfähigkeit der Haut. Das sympathische Nervensystem ist für Schweißdrüsen-Sekretion zuständig. Wenn das sympathische Nervensystem gedämpft wird, geht die Produktion zurück und Haut leitet weniger. Dieses ist als Indikator zur Messung von Belang.

Auch die zentralnervösen Veränderungen bei der Entspannung sind nicht direkt wahrzunehmen, sondern lediglich für eine Messung des Entspannungsgrades relevant. Hirnelektrische Aktivitäten sagen etwas über den Wachheitszustand des Menschen aus. Je nachdem, wie die Großhirnrinde aktiviert wird, kann erkannt werden, ob sich der Mensch beispielsweise in einer Tiefschlafphase oder in einer Einschlafphase befindet. Diese Messungen werden durch ein Elektroenzephalogramm, ein sogenanntes EEG, gemacht.

Entspannung wirkt sich auch auf der psychisch-emotionalen Ebene aus. Heftige Gefühle, wie etwa Wut, Angst oder auch Freude, lassen sich in einem entspannten Zustand nur schwer provozieren. Ein entspannter Zustand wird meist von angenehmen Gefühlen von Gelassenheit, Wohlbefinden, Zufriedenheit begleitet. Die Bauchatmung nimmt zu und die Zwerchfellatmung ab.

Auch **kognitive Veränderungen** werden durch Entspannung hervorgerufen. Im entspannten Zustand stellt sich eine entspannte Wachheit ein. In diesem Zustand kann ein Mensch sich besser konzentrieren, seine Aufmerksamkeit auf einzelne Dinge richten und Informationen besser verarbeiten. Reize von außen können besser ausgeblendet werden, so dass wiederum wenig oder keine neuromuskulären Reaktionen ausgelöst werden.

Die kognitiven Entspannungsreaktionen wirken sich auch auf das Verhalten des Menschen aus: Wenn Reize von außen größtenteils ausgeblendet werden können, lösen diese auch keine heftigen Reaktionen mehr aus. Die emotionalen Reaktionen und das gesamte Aktivitätsniveau vermindern sich. Das Verhalten wird damit insgesamt ruhiger (vgl. Petermann 2014, S. 52 ff.).

Wie gelangt man zur *Entspannung*?

Es gibt verschiedene Zugänge und Verfahren, die zur Entspannung führen können, z. B. durch **kognitive Entspannungstechniken** wie etwa das Autogene Training mit gedanklichen Ruheformeln wie „Mir ist ganz warm!“ oder „Ich atme ruhig!“. Durch diese Gedanken und Vorstellungen entspannt sich das vegetative Nervensystem. Ein weiteres kognitives Entspannungsverfahren ist beispielsweise auch die Meditation.

Ein weiterer Zugang zur Entspannung ist das **somatische Nervensystem**, über das der Muskeltonus entspannt werden kann. Diese körperliche Entspannung wirkt sich auch entspannend auf die Psyche aus. Dieses ist das Prinzip der Progressiven Muskelentspannung, bei der bewusst bestimmte Körperregionen angespannt und dann wieder entspannt werden (vgl. Friebel 2012, S. 19). Der Zugang über das somatische Nervensystem ist körperbezogen und setzt am sensorischen Erleben an. Auch die Konzentration auf die Wahrnehmung, wie bei Massagen oder Yogaübungen, zählt zum sensorischen, körperbezogenen Entspannungsverfahren.

Das **Zentralnervensystem** mit seinen Wahrnehmungs- und Assoziationszentren bietet einen imaginativen Zugang zur Entspannung. Dazu zählen Methoden wie Traumreisen oder Vorstellungsbilder. Die dadurch hervorgerufene psychische Entspannung wirkt sich auch auf den Körper aus (vgl. Friebel 2012, S. 19).

Zumeist beschränkt sich ein Entspannungsverfahren nicht auf einen Zugang. Beim Yoga für Kinder wird beispielsweise der sensorisch-körperliche als auch der imaginative Zugang genutzt.

Jeder Mensch bevorzugt bestimmte Zugänge zur Entspannung. Manche Kinder entspannen sich schnell, wenn die pädagogische Fachkraft eine Traumreise erzählt, während ein anderes Kind dabei erst so richtig zappelig wird und eher bei konzentrativen Wahrnehmungsspielen oder beim Schaukeln zur Ruhe kommt. Prinzipiell ist es sinnvoll, Kindern verschiedene Entspannungsmöglichkeiten mit unterschiedlichen Entspannungszugängen nahe zu bringen, so dass sie ihren eigenen wirkungsvollen Weg zur Entspannung finden können.

In der Regel eignen sich für Vorschulkinder körperbezogene, sensorische Entspannungsverfahren. Diese sollten mit Imaginationen verknüpft werden. Diese Mischung entspricht der kindlichen Hauptaktivität, dem fantasievollen Spielen. Außerdem sprechen sie die Sinne und die Erlebniswelt der Kinder an. Körperliche Entspannungsreaktionen sind direkt spürbar. Kinder entspannen sich nicht aus der vernünftigen Einsicht, dass es gut für sie ist. Sie entspannen sich, weil das Entspannungsangebot in diesem Moment ihrem Bedürfnis und Interesse entspricht und ihnen Freude bereitet.

Welche Begleiterscheinungen gibt es bei der *Entspannung*?

Im Entspannungsprozess können körperliche und psychische Begleiterscheinungen auftreten. Die pädagogische Fachkraft sollte wissen, was es damit auf sich hat und den Kindern diese ungewohnten und möglicherweise ängstigenden Sensationen erläutern.

Begleiterscheinung	Erklärung
Leichtes Muskelzucken in beispielsweise Armen oder Beinen	Weist auf eine Restspannung in den Muskeln mit entsprechenden neurologischen Übertragungsprozessen hin.
Kribbeln in beispielsweise Händen oder Füßen	Weist auf Restspannung in den Muskeln mit entsprechenden neurologischen Übertragungsprozessen hin; wird auch durch eine verstärkte Durchblutung ausgelöst.
Leichtes Gefühl von Schwindel	Wird durch den veränderten Blutdruck hervorgerufen.
Angst, zu fallen oder Angst, die Kontrolle zu verlieren	Kann entstehen, wenn das Entspannungsgefühl sehr schnell und damit überraschend eintritt. Das kann beängstigend sein.

(Vgl. Petermann 2014, S. 86 ff.)

Wann sollte die pädagogische Fachkraft vorsichtig mit *Entspannungsangeboten* umgehen?

Da Entspannungsreaktionen den Körper betreffen, gibt es bestimmte Krankheitsbilder, bei denen gezielte Entspannungsangebote in der Kita nur in **Rücksprache mit einem Arzt** durchgeführt werden sollten.

So sollten Kinder, die unter **Asthma bronchiale** leiden, nur unter ärztlicher Aufsicht an gezielten Entspannungsangeboten teilnehmen. In der Entspannung können sich die verengten Verästelungen im Bronchialsystem noch weiter verengen, was einen Asthmaanfall provozieren kann.

Auch bei chronischen und akuten **Erkrankungen im Magen-Darm-Bereich** ist Vorsicht geboten. In der Entspannung wird mehr Magensäure produziert. Dieses reizt die Magenschleimhaut. Die Magenschleimhaut wird vermehrt durchblutet. Entspannung führt zu einer übermäßigen Peristaltik. Im akuten Zustand kann das zu Magenblutungen führen.

Entspannung wirkt sich auf die Herzrate und den Blutdruck aus. Wenn ein Kind eine **Herz- und Kreislauferkrankung** wie etwa einen Herzfehler oder einen chronisch niedrigen Blutdruck hat, sollte die pädagogische Fachkraft auf jeden Fall Rücksprache mit einem Arzt halten. Dasselbe gilt für Kinder, die unter **Anfallserkrankungen** wie beispielsweise Epilepsie leiden. Entspannung wirkt sich auf die hirnelektrischen Aktivitäten aus und führt zu Zuständen, die dem Voreinschlafstadium ähnlich sind. Besonders in dieser Phase besteht die Gefahr eines Anfalls (vgl. Petermann 2014, S. 83 ff.).

Entspannungsphasen im Kita-Alltag einbinden

Obwohl Entspannung ein natürlicher Vorgang ist, müssen einige Kinder darin unterstützt werden, sich im spannungsgeladenen Kita-Alltag zwischendurch zu entspannen. Entspannung sollte jedoch kein Termin sein, mit dem Ziel, sich „mal eben" zu entspannen. Kinder können sich nicht auf Kommando entspannen. Um die Bereitschaft zur Entspannung aufzubringen, muss das Bewegungsbedürfnis der Kinder gestillt sein. Nicht nur die momentane Stimmung und das Bedürfnis eines jeden Kindes, sondern auch die **Rahmenbedingungen** sind ausschlaggebend dafür, ob Entspannung gelingt. So sollte der Raum, in dem das Angebot stattfindet, möglichst reizarm sein. Das bedeutet beispielsweise, dass möglichst wenig oder keine Geräusche und Störungen von außen vorhanden sind – wie etwa andere Kinder, die vor der Tür vorbeilaufen oder durch ein Fenster gucken können. Auch Gegenstände mit hohem Aufforderungscharakter sollten aus dem Entspannungsraum entfernt werden. Die Temperatur und das Licht sollten angenehm sein.

Anzumerken ist, dass die Kinder grundsätzlich die Möglichkeit haben sollten, **Rückzugsräume** im Kindergarten aufzusuchen, in denen sie sich aus dem Gruppengeschehen ausklinken und sich entspannen können. Diese können die klassischen Kuschelecken sein, aber auch andere Nischen, wie etwa eine Höhle, die mit Decken und Kissen zum Entspannen einlädt. Auch Schaukeltücher und große Hängematten, die in ungestörten Ecken des Kindergartens befestigt sind, können Orte der Entspannung sein. Die pädagogischen Fachkräfte sollten bei den Entspannungsecken darauf achten, dass diese tatsächlich als Rückzugsort genutzt werden. So ist das Toben mit den Schaukeltüchern untersagt. Es sollte darauf geachtet werden, dass das Kind oder die Kinder in den Rückzugecken nicht durch andere Kinder oder große Reize (wie z. B. Lärm) gestört werden. Ist die Kita klein und hat zu wenig Platz für Entspannungsecken, können auch Entspannungszeiten festgelegt werden. So darf in dieser Zeit das Schaukeltuch lediglich zum Ausruhen genutzt werden und ansonsten darf darauf auch wild getobt werden.

Entspannungsangebote können situativ und auch als Ritual, wie etwa nach dem Mittagessen, eingesetzt werden. Grundsätzlich ist zu berücksichtigen, dass Entspannung nur freiwillig funktionieren kann. Kinder, die bei Entspannungsangeboten nicht mitmachen wollen, müssen es nicht. Kinder, die erst teilnehmen und dann doch nicht mehr teilnehmen möchten, dürfen trotzdem dabei sein und zuschauen. Sie sollten jedoch leise sein und bis zum Ende bleiben. Nicht jedes Angebot zur Entspannung ist für jedes Kind das Richtige. Die Kinder müssen eine Chance bekommen, alle Entspannungszugänge ausprobieren zu können, um etwas Geeignetes für sich zu finden.

Welche Methoden eignen sich zur *Entspannung* in der Kita?

Grundsätzlich müssen die Angebote den Kindern Freude bereiten und ihrem gegenwärtigen Bedürfnis und Interesse entsprechen. Deshalb sollten sich alle Entspannungsangebote an der Erlebniswelt der Kinder orientieren. Sie sollten stets einen **spielerischen Charakter** haben.

Es gibt verschiedene Methoden, die sich im Kindergartenalltag eignen, um Kinder zur Entspannung zu verhelfen. Weit verbreitet ist sind etwa Traumreisen. Die pädagogische Fachkraft erzählt den Kindern eine entspannende Geschichte und die Kinder tauchen in die Fantasiewelt ein und entspannen sich dabei. Entspannung muss aber nicht Passivität, Ruhe und Bewegungslosigkeit bedeuten. So gibt es auch die Möglichkeit der **bewegten Entspannung.** Dieses sind Spiele und Spielimpulse, bei denen die Kinder durch Bewegung zur Ruhe finden können. Diese eignen sich besonders für Kinder, die innerlich sehr unruhig sind und sich nur schwer auf Ruhe einlassen können. Eine weitere Technik ist das Prinzip des Wechsels von Anspannung und Entspannung. Nur wenn die Kinder Anspannung bewusst wahrnehmen können, sind sie auch in der Lage, Entspannung wahrzunehmen oder sie herbeizuführen.

Entspannt sich der Körper, so überträgt sich die Entspannung auf den ganzen Menschen. Auch durch angenehme **Berührungen** von vertrauten Menschen, wie etwa in Form von Massagen, können sich viele Kinder gut entspannen. Bei dieser taktilen, kinästhetischen Entspannung ist es wichtig, dass die Kinder selbst bestimmen, von wem und an welchen Körperstellen sie berührt werden möchten. Eine eiserne Regel bei allen Angeboten, die mit Berührungen zu tun haben ist: Sagt ein Kind „Stopp“, ist das Spiel sofort beendet.

Eine weitere Technik, um Kinder zu sich und zur Ruhe zu bringen, ist die **Konzentration der Wahrnehmung.** Der Kita-Alltag ist oft hektisch und voller Reize. Das Auge wird von allen Sinnesorganen am meisten belastet. Bei Spielen zur Konzentration der Wahrnehmung haben die Kinder die Möglichkeit, ihre Aufmerksamkeit für eine begrenzte Zeit auf nur eine Sache zu lenken. Sie konzentrieren sich auf ihr Erleben und ihr Tun und sind ganz bei sich. So kommen sie zur Ruhe. Die Reize werden bewusst reduziert und bestimmte Sinne werden „ausgeschaltet" (z. B. durch das Schließen der Augen). Eine weitere Methode ist die Atementspannung. Bei Anspannung, Angst, Stress etc. wird oft zu flach und schnell in die Brust geatmet, wodurch der Körper und das Blut nicht mehr optimal mit Sauerstoff versorgt werden. Durch eine bewusste tiefe Bauchatmung kann Entspannung herbeigeführt werden. Die zur Entspannung führende tiefe Atmung können die Kinder in den Spielen zur Atementspannung wahrnehmen, herbeiführen und üben.

Die genannten Methoden lassen sich in Form von **fantasievollen Mitmachgeschichten** gut mischen. Diese Geschichten sollten auch immer Anteile mit Bewegung haben. Wenn die Kinder ihrem Bewegungsbedürfnis nachkommen konnten, sind sie für eine Entspannung bereit. Die Mitmachgeschichten können sich an einem Thema (z. B. Herbst oder Katze) oder auch an einem Material (z. B. an Igelbällen oder Kissen) orientieren.

Seite 11, 12, 13, 14, 15

A

Alles brauchbar +

Angebots Ideen

Spiele und Ideen zum Entspannen und Mitmachen

Wir malen ein großes Klangbild

Alter: ab 3 Jahren **Gruppenstärke:** ab 2 Kindern

Das brauchen Sie: Wachsmalstifte, große Papierbogen, Meditationsmusik, CD-Player, Klebeband

Vorbereitung: Das Papier wird mit Klebeband auf dem Boden fixiert. Ausreichend Wachsmalstifte für jedes Kind werden ausgelegt.

So geht es:

Die Kinder sitzen auf dem Boden um das große Papier herum. Sie haben die Aufgabe, ein gemeinsames Bild zur Musik zu malen. Beim Malen darf nicht gesprochen werden.

Variation: Wir legen ein großes Naturbild

Das brauchen Sie: Naturgegenstände, wie Kastanien, Steine, Blätter, Eicheln ...

So geht es: Die Kinder legen mit den Naturmaterialien gemeinsam ein großes Mandala oder Muster auf den Boden. Dabei legen sie der Reihe nach immer einen Gegenstand dazu. Sind keine Gegenstände mehr da, ist das Bild fertig.

Wir liegen in der Mattenwiege

Alter: ab 3 Jahren **Gruppenstärke:** 2–3 Kinder

Das brauchen Sie: Matte, zwei Holzreifen

Vorbereitung: Die Matte wird so zwischen zwei Holzreifen geklemmt, dass jedes Ende der Matte in einem Reifen steckt.

So geht es:

Ein Kind legt sich gemütlich auf die Matte. Zwei weitere Kinder stehen an jeweils einem Reifen und wiegen die Mattenwiege langsam vor und zurück. So wird das Kind auf der Matte sanft hin und her geschaukelt. Es darf bestimmen, wie stark es geschaukelt werden möchte. Ist ein stimmiger Schaukelrhythmus entstanden, darf das Kind gern die Augen schließen und die Kinder am Holzreifen dürfen ein ruhiges Lied singen.

Eine Pause im Luftballonbett

Alter: ab 3 Jahren **Gruppenstärke:** 1 Kind

Das brauchen Sie: stabile Luftballons, Bettbezug (am besten mit einem Reißverschluss)

Vorbereitung: Die Luftballons werden nicht ganz prall aufgepustet, verknotet und in den Bettbezug gelegt.

So geht es:

Ein Kind darf sich auf das weiche Luftballonbett legen und sich entspannen. Es kann auf dem Rücken, auf der Seite oder auf dem Bauch liegen oder sich auch hin und her drehen.

Wir schaukeln in der Hängematte

Alter: ab 3 Jahren **Gruppenstärke:** 1 Kind

Das brauchen Sie: großes Tuch (Schwungtuch, Wolldecke oder ein großes Leinentuch), Matte

Vorbereitung: Das Tuch wird ausgebreitet auf die Matte gelegt.

So geht es:

Ein Kind darf sich in Rückenlage auf das Tuch legen. Zwei pädagogische Fachkräfte stehen sich am Tuchrand gegenüber, nehmen die Tuchenden in die Hand und ziehen das Tuch langsam hoch. Es wird so straff gespannt, dass eine gemütliche Hängematte für das liegende Kind entsteht. Die pädagogischen Fachkräfte schwingen das Tuch hin und her. Nach einiger Zeit beginnen sie einen Countdown von 10 bis 1 zu zählen. Währenddessen lassen sie das Tuch immer langsamer schwingen. Bei 1 wird das Tuch vorsichtig zur Seite gedreht, so dass das Kind langsam auf die Matte rollt.

Variation:

Mehrere Kinder stehen an zwei gegenüber liegenden Seiten am Tuch. Ein Kind darf sich in Rückenlage auf das Tuch legen. Die Kinder greifen das Tuch, ziehen es ein wenig hoch und lehnen sich nach hinten, so dass das Tuch etwas gespannt wird. Nun beginnen sie sich langsam, das Tuch vor- und zurück zu schaukeln. Nach einer gewissen Zeit legen sie das Tuch vorsichtig wieder auf dem Boden ab.

Meditativer Tanz

Alter: ab 4 Jahren **Gruppenstärke:** ab 5 Kindern

Das brauchen Sie: ruhige Musik (z. B. langsame Walzermusik)

So geht es:

Die Kinder ziehen ihre Schuhe und Strümpfe aus und stellen sich im Kreis auf. Die pädagogische Fachkraft zeigt den Kindern nacheinander folgende Schritte. Die Kinder ahmen sie nach.

→ Die Kinder stehen mit beiden Füßen fest auf dem Boden und pendeln von rechts nach links. So ist das Gewicht mal auf dem rechten Bein und danach auf dem linken.

→ Die Kinder fassen sich an den Händen und schwingen die Arme im gemeinsamen Rhythmus vor und zurück.

→ Die Kinder halten sich noch immer an den Händen. Sie gehen zur Kreismitte und zurück.

Die einzelnen Schritte werden so lange wiederholt, bis die Kinder sie „im Schlaf" können. Dann werden die Schritte kombiniert und hintereinander ohne Pause getanzt. Die pädagogische Fachkraft sagt die Wechsel an: „Pendel", „Arme schwingen", „Vor und zurück gehen".
Nun kann Musik dazu angemacht werden. Der Tanz wird immer wiederholt. Die Kinder müssen sich zwar konzentrieren, aber schon bald läuft der Tanz wie von selbst. Eine gemeinsame beruhigende Energie im Kreis entsteht.

Der Wasserpflanzentanz

Alter: ab 4 Jahren **Gruppenstärke:** ab 3 Kindern

Das brauchen Sie: Meditationsmusik mit Meeresgeräuschen

So geht es:

Die Kinder verteilen sich im Raum. Sie sind „Wasserpflanzen". Sie stehen fest am Boden. Nun soll sich jedes Kind vorstellen, dass es eine Wasserpflanze ist, die im Boden verwurzelt ist. Sie bewegt sich zu den Meeresgeräuschen sanft im Wasser hin und her. Plötzlich wird die Strömung im Wasser stärker und die Pflanze bewegt sich mit ausladenden Bewegungen in alle Richtungen. Dann wird die Strömung weniger. Die Blätter der Pflanze bewegen sich schwerelos im Wasser. Ihre Wurzeln sind fest im Boden.

Dornröschen schläft

Alter: ab 4 Jahren **Gruppenstärke:** ab 5 Kindern

Das brauchen Sie: Stab

So geht es:

Die Kinder bewegen sich frei im Raum. Sie können gehen, laufen, hüpfen oder springen. Die pädagogische Fachkraft hat einen Zauberstab in der Hand. Wenn sie ein Kind mit dem Stab berührt, legt es sich auf den Boden und verfällt in einen Dornröschenschlaf. Wenn alle Kinder schlafen, geht die pädagogische Fachkraft umher und flüstert die Namen der Kinder. Erkennt ein Kind seinen Namen, ist es geweckt worden und darf sich hinsetzen, sich recken, strecken und gähnen. Sind alle Kinder aus dem Dornröschenschlaf erwacht, ist das Spiel zu Ende.

Unter dem Schwungtuchhimmel

Alter: ab 3 Jahren **Gruppenstärke:** ab 5 Kindern

Das brauchen Sie: Schwungtuch

So geht es:

Die Kinder und mindestens zwei pädagogische Fachkräfte fassen das Schwungtuch am Rand an und heben es hoch. Ein paar Kinder dürfen unter das Schwungtuch krabbeln und sich auf den Rücken legen. Liegen die Kinder gemütlich, beginnen die anderen Kinder die Arme auf und ab zu bewegen, so dass das Schwungtuch auf und nieder geschwungen wird. Die pädagogischen Fachkräfte geben einen Schwungrhythmus vor und das Schwungtuch fliegt im langsamen Rhythmus auf und ab. Es darf die liegenden Kinder nicht berühren. Diese dürfen die Augen schließen und den Windhauch spüren und genießen.

Ein Himmel voller Luftballons

Alter: ab 4 Jahren **Gruppenstärke:** ab 7 Kindern

Das brauchen Sie: durchsichtige Abdeckfolie, Luftballons

Vorbereitung: Die Luftballons werden aufgepustet und verknotet.

So geht es:

Die Abdeckfolie wird auf dem Boden ausgebreitet. Die Kinder und die pädagogische Fachkraft versammeln sich um die Abdeckfolie, halten sie am Rand fest und heben sie etwas an. Ein paar Kinder dürfen nun unter die Folie krabbeln und sich auf den Rücken legen. Nun werden die Luftballons auf die Folie gelegt und sollen auch auf der Folie gehalten werden – auch wenn sie nun, wie ein Schwungtuch, in Bewegung gebracht wird. Die Folie wird leicht hoch und runter geschwungen. Sie darf die liegenden Kinder jedoch nicht berühren. Die Kinder dürfen sich entspannen und den Himmel voller Luftballons anschauen.

Das müde Karussell

Alter: ab 3 Jahren **Gruppenstärke:** ab 6 Kindern

Das brauchen Sie: Schwungtuch

So geht es:

Die Kinder sitzen im Kreis, das Schwungtuch liegt ausgebreitet in der Mitte auf dem Boden. Ein Kind darf sich in die Mitte des Tuches setzen oder eingerollt darauf legen. Sitzt oder liegt das Kind bequem, setzt sich das Karussell langsam in Bewegung: Die Kinder fassen das Tuch am Rand und stehen auf. Langsam gehen alle in derselben Richtung im Kreis. So wird das Kind auf dem Tuch langsam gedreht.

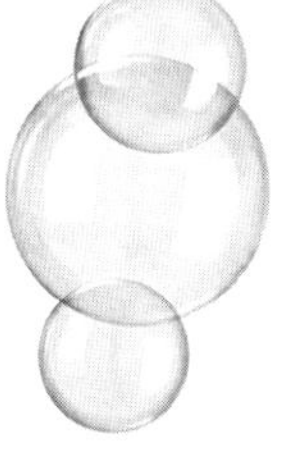

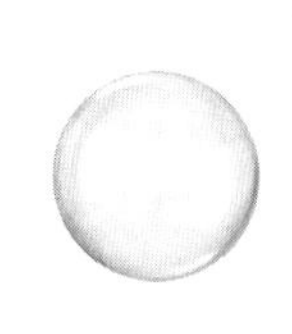

Eine Matte aus Bällen

Alter: ab 5 Jahre **Gruppenstärke:** ab 3 Kindern

Das brauchen Sie: weiche Bälle (z. B. nicht ganz prall gefüllte Gummibälle), Matte

So geht es:

Ein Kind legt sich auf den Rücken auf die Matte. Zwei bis drei andere Kinder nehmen nacheinander die Körperteile des liegenden Kindes sanft hoch und schieben Bälle darunter. So beginnen sie beispielsweise mit dem rechten Arm und der rechten Schulter, dem oberen Rücken, der linken Schulter und dem linken Arm etc. Am Ende liegt der ganze Körper des Kindes auf Bällen.

Der Ball geht leise auf eine kleine Reise

Alter: ab 4 Jahren **Gruppenstärke:** ab 6 Kindern

Das brauchen Sie: Ball

So geht es:

Die Kinder sitzen in einer Grätsche auf dem Boden im Kreis. Ein Kind hat den Ball. Während des Spieles darf nicht gesprochen werden. Der Ball wird von einem Kind zu einem anderen kreuz und quer durch den Kreis gerollt. Die Kinder dürfen sich nur durch Blickkontakt verständigen. So geht der Ball ganz leise auf eine kleine Reise.

Entspannung auf dem Riesenball

Alter: ab 3 Jahren **Gruppenstärke:** 1 Kind

Das brauchen Sie: Pezziball

So geht es:

Ein Kind legt sich bäuchlings auf den Pezziball. Die pädagogische Fachkraft hält das Kind an den Hüften fest. Das Kind lässt Arme und Beine kraftlos hängen. Liegt das Kind entspannt auf dem Ball, beginnt die pädagogische Fachkraft, den Ball langsam vor und zurück zu rollen. Nun wird das Kind auf dem Ball sanft hin und her geschaukelt. Wird das Kind an den Hüften festgehalten, kann der Ball in einem größeren Ausschlag vor und zurück gerollt werden. Auch kreisende Bewegungen des Balles sind möglich. Die pädagogische Fachkraft variiert die Bewegungen und das Kind soll entscheiden, ob diese Bewegung beibehalten oder verändert werden soll.

Ein Mittagsschlaf im Schlafwagen

Alter: ab 3 Jahren **Gruppenstärke:** ab 2 Kindern

Das brauchen Sie: Weichbodenmatte, ca. 7 Rollbretter

Vorbereitung: Die Matte wird auf die Rollbretter gelegt.

So geht es:

Die Kinder legen sich auf den „Schlafwagen“. Die pädagogische Fachkraft schiebt den Schlafwagen durch den Raum. Wenn alle Kinder still sind, fährt der Schlafwagen. Redet ein Kind, hält der Wagen an.

Variation:

Auf zwei Rollbretter wird eine Matte gelegt. Ein Kind legt sich mit dem Rücken darauf. Ein anderes Kind schiebt das Kind langsam durch den Raum.

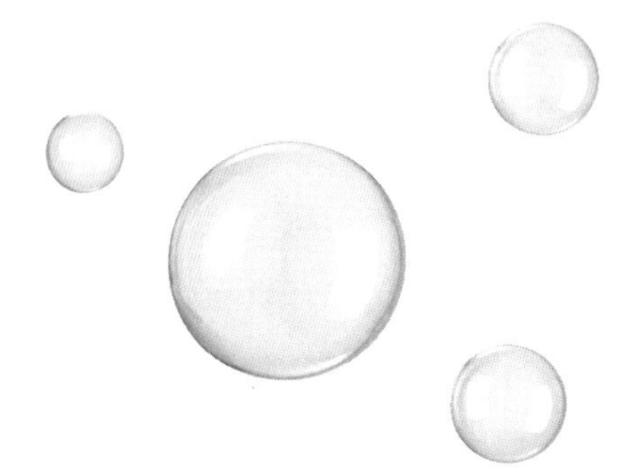

Die müden Tiere kommen zur Ruhe

Alter: ab 3 Jahren **Gruppenstärke:** ab 3 Kindern

So geht es:

Die Kinder sitzen auf dem Boden. Die pädagogische Fachkraft gibt vor, in welches Tier sich die Kinder verwandeln werden. Zu jedem Tier erzählt sie eine kleine Geschichte, die Bewegungsimpulse gibt und/oder macht mit, damit die Kinder Bewegungsideen bekommen können.

→ **Schildkröten:** Die Kinder sind auf Knien und Händen und bewegen sich langsam durch den Raum. Ab und zu bleiben sie stehen und ziehen sich in ihren Panzer zurück. Die Schildkröte schläft ein. Dabei atmet sie tief ein und aus. Könnt ihr sie atmen hören? Sie schläft so lange, bis die pädagogische Fachkraft liebevoll auf jeden Panzer klopft.

→ **Katze:** Die Kinder liegen eingerollt auf dem Boden und schlafen. Nun wird die Katze wach und reckt und streckt und räkelt sich ganz lang am Boden. Sie streckt ein Bein nach dem anderen lang aus (also Beine und Arme der Kinder). Sie rollt sich auf den Bauch. Sie setzt alle vier Pfoten auf und schiebt sich hoch auf Knie und Hände. Sie macht einen genüsslichen Katzenbuckel. Dann schiebt sie die Pfoten nach vorne und streckt den Po nach hinten aus. Sie legt sich auf den Rücken und wartet, bis die pädagogische Fachkraft das Kätzchen am Bauch streichelt.

→ **Bär:** Der müde Bär liegt auf dem Boden. Er hat viel Honig gegessen und sein Bauch ist ganz voll. Er legt die Hände auf seinen Bauch und atmet tief ein, so dass sein Honigbauch ganz dick wird. Das wiederholt er einige Male. „Haha“, freut er sich zufrieden. „Das war lecker und jetzt habe ich einen richtig dicken Honigbauch. Aber jetzt muss ich ein Mittagsschläfchen machen!“ Er rollt sich langsam auf die eine Seite. Dann rollt er sich langsam auf die andere Seite. Er weiß nicht, welche Seite gemütlicher ist. Deshalb rollt er einige Male langsam hin und her. Nun bleibt er auf einer Seite liegen und wartet, bis die pädagogische Fachkraft eine Hand auf seinen Bauch legt.

→ **Schnecke:** Die Kinder legen sich auf den Bauch und stellen die Hände neben sich auf. So sind sie Schnecken. Langsam, ganz langsam, bewegen sie sich durch den Raum, indem sie sich mit den Händen und Füßen Zentimeter für Zentimeter fortbewegen. Ab und zu bleiben sie auf der Stelle, ziehen die Knie unter den Bauch und machen sich ganz klein. Sie haben sich in ihr Schneckenhaus verkrochen. Wenn sie weiter möchten, strecken sie sich wieder aus und bewegen sich weiter. Irgendwann bleiben sie in ihrem Schneckenhaus und warten ab, bis die pädagogische Fachkraft einige Male über ihr Haus streichelt.

Wir lassen die Federn tanzen

Alter: ab 3 Jahren **Gruppenstärke:** ab 3 Kindern

Das brauchen Sie: bunte Federn (aus dem Bastelgeschäft), Korb/Schüssel/Tüte, Meditationsmusik

So geht es:

Die Kinder sitzen barfuß im Kreis auf dem Boden. Sie haben ca. zwei Armlängen Abstand neben sich. Die pädagogische Fachkraft geht mit dem Federkorb herum und jedes Kind darf sich eine Feder aussuchen.

Zunächst dürfen sich die Kinder mit der Feder über das Gesicht und die Arme streicheln. Wie fühlt sich das an? Kitzelt es angenehm? Wie fühlt es sich an, wenn wir unsere eigenen Füße mit der Feder kitzeln?

Nun beginnt der Tanz der Federn. Die Kinder stehen auf. Die pädagogische Fachkraft macht Meditationsmusik an und fordert die Kinder zum Tanzen auf. Die Kinder dürfen mit den Federn tänzerisch experimentieren und Bewegungsideen umsetzen. Darüber hinaus kann die pädagogische Fachkraft beispielsweise folgende Bewegungsimpulse geben:

→ Die Feder wird in der Hand gehalten und durch die Luft geschwungen.
→ Die Feder wird hochgeworfen und segelt auf den Boden. Sie wird wieder aufgehoben und hochgeworfen usw.
→ Die Feder wird hochgeworfen und wieder aufgefangen, bevor sie den Boden berührt.
→ Die Feder wird auf den Handrücken gelegt und weggepustet
→ Die Feder wird auf den Unterarm gelegt, weggepustet und wieder aufgefangen.
→ Die Feder wird in die Luft geworfen und das Kind sinkt so langsam zu Boden wie die Feder.

Abschließend treffen sich alle Kinder wieder im Sitzkreis auf dem Boden. Sie streicheln und kitzeln sich noch einmal mit ihrer Feder und bedanken sich so für den Tanz. Dann werden die Federn wieder in den Korb gelegt.

Am Ende darf es noch einmal ganz still werden. Die pädagogische Fachkraft steht mit einer Feder in der Kreismitte. Sie lässt sie fallen. Wie hört es sich an, wenn die Feder auf dem Boden landet?

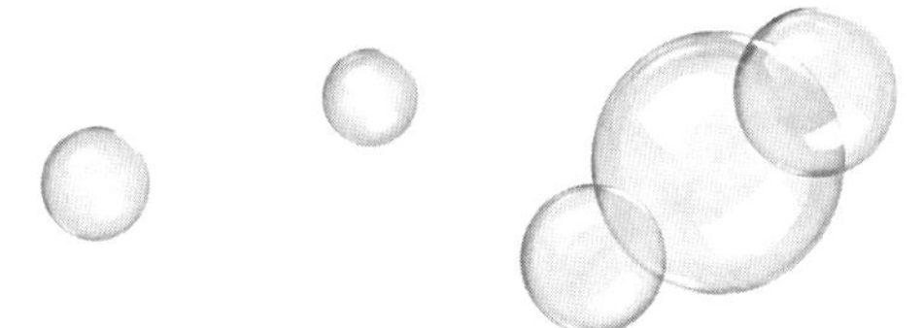

Wir hüpfen im Schlaf

Alter: ab 4 Jahren **Gruppenstärke:** ab 2 Kindern

Das brauchen Sie: große Gummibälle (Pezzibälle), 4 Kästen, Matte

Vorbereitung: Alle Bälle werden nah aneinander hingelegt und dicht von allen Seiten mit jeweils einem Kasten umrandet. Die Fläche darf nicht größer als die Matte sein. Nun wird die Matte auf die Bälle gelegt.

So geht es:

Die Kinder legen sich auf den Rücken auf die Matte. Sie dürfen die Augen schließen. Die anderen Kinder sitzen auf den Kästen und geben mit den Händen kräftig Druck in die Matte. So hüpfen die liegenden Kinder ein wenig auf und ab.

Variation:

Viele Kinder legen sich auf den Rücken auf die Matte. Liegen die Kinder gemütlich, schließen sie für einen Moment die Augen. Nun können sie beginnen, durch kleine Bewegungen auf der Matte liegend auf und ab zu hüpfen. Die pädagogische Fachkraft hilft mit, indem sie mit den Händen kräftigen Druck auf die Matte gibt. Können alle gemeinsam im Schlaf hüpfen?

Es startet die Rakete ...

Alter: ab 4 Jahren **Gruppenstärke:** 5 Kinder

Das brauchen Sie: Sandsäckchen, Matte

So geht es:

Ein Kind legt sich bäuchlings auf die Matte. Die anderen Kinder versammeln sich um die Matte und legen nacheinander im Uhrzeigersinn ein Sandsäckchen auf Rücken, Beine und Arme des liegenden Kindes. Sind alle Sandsäckchen verteilt, beginnt der Countdown für den Raketenstart: Die Kinder zählen von 10 bis 0. Dabei beginnen sie leise und werden immer lauter. Bei 0 springt das Kind auf, so dass die Sandsäckchen abfallen. Die Rakete ist gestartet!

Der Zeitlupentanz

Alter: ab 4 Jahren **Gruppenstärke:** ab 3 Kindern

Das brauchen Sie: Gong oder Triangel

So geht es:

Die pädagogische Fachkraft erklärt den Kindern, dass sie einen „Zaubergong" hat, mit dem sie das Tempo (schnell und ganz, ganz langsam) der Kinder verzaubern kann. Die Kinder bewegen sich und tanzen im Raum umher. Auf ein Zeichen mit einem Gong oder einer Triangel ruft die pädagogische Fachkraft „Ganz, ganz langsam!" und die Kinder bewegen sich und tanzen im Zeitlupentempo weiter. Dabei müssen sie sich auf ihren Körper konzentrieren, um die Bewegungen sehr langsam ausführen zu können. Ertönt das Signal wieder, ruft die pädagogische Fachkraft „Schnell!" Die Kinder bewegen sich wieder so schnell, wie sie möchten. Dieser Wechsel der Phasen von An- und Entspannung wird ein paarmal wiederholt.

Variation: Stopptanz

Das brauchen Sie: Musik

So geht es: Die Kinder bewegen sich zu Musik durch den Raum. Stoppt die Musik, bleiben sie wie versteinert in der gegenwärtigen Körperstellung. Setzt die Musik wieder ein, bewegen sie sich weiter.

Kleine Monster

Alter: ab 3 Jahren **Gruppenstärke:** ab 1 Kind

So geht es:

Die Kinder sitzen im Kreis. Auf das Kommando „Schreckliches Gesicht!" der pädagogischen Fachkraft ziehen sie eine schreckliche oder lustige Grimasse und halten sie einen Moment. Auf ein weiteres Kommando „Normales Gesicht!" wird die Grimasse gelöst. Die Kinder sollen einen Moment die Augen schließen und nachspüren, wie sich ihre Gesichtsmuskeln wieder entspannen.

Nach ein paar Wiederholungen können auch die Schultern, Arme und der Oberkörper in das Spiel integriert werden. Auf das Kommando „Schreckliches Monster!" spannen die Kinder die Muskeln an, verrenken sich etwas, ziehen eine furchtbare Grimasse und halten das einige Sekunden. Beim

Kommando „Normales Kind!" ist die pädagogische Fachkraft erleichtert, dass die Monster weg sind. Die Kinder spüren nach, wie sich die Muskeln entspannen und so wie die pädagogische Fachkraft vor Erleichterung tief ausatmet, machen das auch die Kinder.

Roboter und Gummipuppen

Alter: ab 4 Jahren **Gruppenstärke:** ab 3 Kindern

So geht es:

Die Kinder bewegen sich im Raum. Die pädagogische Fachkraft nennt abwechselnd Bewegungsbilder mit viel Anspannung und mit wenig Muskeleinsatz. Die Kinder stellen dieses pantomimisch oder tänzerisch in der Fortbewegung nach. Sie müssen sich schnell auf einen neuen Muskeltonus konzentrieren.

→ Roboter laufen durch den Raum.
→ Die Gummipuppen sind los!
→ Schwere Elefanten laufen im Raum umher.
→ Leichte Schmetterlinge flattern umher.
→ Schwere Steine werden vom viel zu starken Sturm durch den Raum gepustet.
→ Wir haben schwere Schuhe an.
→ Wir laufen barfuß herum.
→ Leichte Federn werden vom Wind durch den Raum gepustet.
→ Eine schwere Eisenbahn schnauft durch den Raum.
→ Ein schnelles Rennrad rast durch den Raum.
→ Wir tragen einen schweren Schrank durch den Raum.
→ Wir tragen ein leichtes Taschentuch durch den Raum.
→ Wir haben einen schweren Ritterhelm auf dem Kopf.
→ Wir haben ein leichtes Tuch auf dem Kopf.
→ Wir haben eine schwere Pizza im Bauch.
→ Wir haben ein wenig leichtes Popcorn im Bauch.
→ usw.

Die Spaghetti sind fertig!

Alter: ab 5 Jahren **Gruppenstärke:** ab 3 Kindern

Vorbereitung: Wenn die Kinder nicht wissen, wie gekochte und nicht gekochte Spaghetti aussehen und sich anfühlen, wäre es sinnvoll, wenn die pädagogische Fachkraft gemeinsam mit den Kindern einmal Spaghetti kocht oder Anschauungsstücke mitbringt. (Die können die Kinder nach dem Spiel gern zur Stärkung essen.)

So geht es:

Die Kinder bewegen sich durch den Raum. Ruft die pädagogische Fachkraft „Rohe Spaghetti!", bewegen sich die Kinder mit viel Körperspannung. Sie machen sich ganz lang und spannen die Muskeln an. Ruft die pädagogische Fachkraft „Die Spaghetti sind fertig!", bewegen sich die Kinder mit wenig Körperspannung und wenig Muskelkraft durch den Raum. „Wir kochen noch eine Portion!" Die pädagogische Fachkraft ruft „Nicht gekochte Spaghetti!" Die Kinder bewegen sich wieder mit hoher Körperspannung, bis „Die Spaghetti sind fertig!" gerufen wird. Wie viele Portionen werden heute gekocht?

Figuren werfen

Alter: ab 4 Jahren **Gruppenstärke:** 2 Kinder

So geht es:

Zwei Kinder stehen sich gegenüber und legen fest, wer die Figur ist und wer der Erlöser oder die Erlöserin. Dann fassen sie sich an den Händen und beginnen, sich schnell umeinander zu drehen. Auf das Kommando der Erlöserin oder des Erlösers „Achtung! Jetzt!" lassen sie sich los. Die Figur „wirbelt" drehend durch den Raum und bleibt in einer von ihr ausgewählten Position stehen. Dafür brauchen die Kinder eine gute Körperspannung, die gehalten werden muss. Die Figur verharrt so lange in ihrer Position, bis sie vom anderen Kind durch eine streichelnde Berührung erlöst wird.

Wir sind Gummibänder

Alter: ab 5 Jahren **Gruppenstärke:** ab 1 Kind

Das brauchen Sie: Gummibänder

So geht es:

Die Kinder sitzen im Kreis auf dem Boden. Die pädagogische Fachkraft gibt ein Gummiband im Kreis herum. Jedes Kind darf es einmal auseinander ziehen und wieder loslassen. Anschließend spielen die Kinder Gummiband. Sie legen sich auf den Boden und schließen die Augen. Die pädagogische Fachkraft bittet die Kinder, sich vorzustellen, dass sie ein Gummiband sind und auseinandergezogen werden. Eines zieht an den Armen und ein anderes an den Füßen. Die Kinder strecken sich mit viel Körperspannung am Boden. Nun wird das Gummiband wieder schlaff, denn es wird losgelassen. Die Muskelspannung lässt nach. Das wird ein paarmal wiederholt. Von Mal zu Mal werden die Gummibänder länger auseinandergezogen.

Die Blumen wachsen

Alter: ab 4 Jahren **Gruppenstärke:** ab 5 Kindern

Das brauchen Sie: Gießkanne

So geht es:

Ein Kind darf sich als Gärtner melden. Es bekommt eine Gießkanne. Die übrigen Kinder suchen sich einen Platz im Raum und setzen sich auf den Boden. Sie sind verwelkte Blumen. Sie sitzen mit wenig Körperspannung da und kauern sich zusammen. Der Gärtner geht nun langsam über die Blumenwiese und tippt nach und nach jedes Kind vorsichtig mit der Gießkanne an. Wer angetippt wurde, „blüht" nach und nach auf: Die Kinder richten sich langsam auf, bis sie groß und stolz als Blume im Raum stehen. Nach einer gewissen Zeit verwelken sie langsam wieder. Die Körperspannung lässt nach und sie werden wieder klein, bis sie auf dem Boden sitzen. Zum Glück kommt wieder das Kind mit der Gießkanne vorbei ...

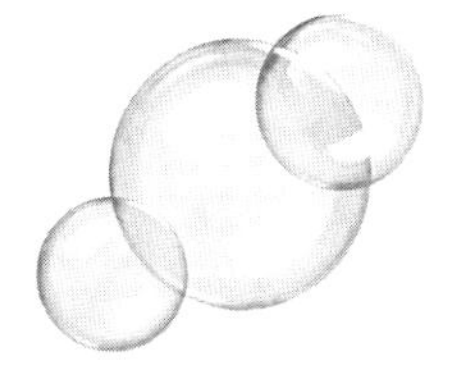

Im Marionettentheater

Alter: ab 6 Jahren **Gruppenstärke:** 2 Kinder

Das brauchen Sie: evtl. Marionette

Vorbereitung: Die pädagogische Fachkraft zeigt den Kindern eine Marionette. Erst liegt sie ganz schlaff am Boden bis z. B. am Faden vom Bein gezogen wird. Das Bein bewegt sich, die anderen Körperteile bleiben kraftlos am Boden. Es bietet sich an, dass die Marionette zu den Kindern spricht und das Prinzip erläutert. Die Kinder dürfen selber auch einmal ausprobieren, an einem Faden zu ziehen. Die Marionette fordert die Kinder auf, dass sie nun selbst an der Reihe sind … Die pädagogische Fachkraft kann das aber auch ohne eine Marionette erklären.

So geht es:

Die Kinder finden sich in Paaren zusammen. Ein Kind ist die Marionette und das andere der Puppenspieler. Die Marionette sitzt auf dem Boden. Die Kinder stellen sich die imaginären Fäden an Armen und Beinen vor. Je nachdem, an welchem Faden der Spieler zieht, kommt Spannung in den entsprechenden Körperteil der Marionette. Die Kinder müssen bewusst bestimmte Körperteile anspannen und andere entspannen. Was kann die Marionette alles tun? Winken? Das Bein heben? Kann sie sich auf den Boden legen? Oder kann sie sogar tanzen?

Wir gehen ins Schwimmbad

Alter: ab 4 Jahren **Gruppenstärke:** ab 2 Kindern

Das brauchen Sie: Matten oder Decken

Vorbereitung: Die Matten werden kreisförmig ausgelegt.

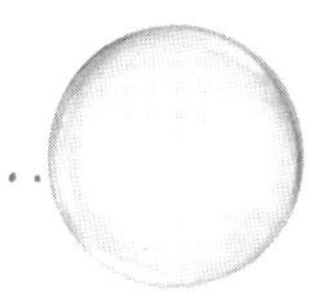

So geht es:

Die Kinder finden sich in Paaren zusammen. Ein Kind legt sich auf einer Matte auf den Bauch und das andere Kind darf es massieren. Die pädagogische Fachkraft erzählt folgende Geschichte und das Kind macht entsprechende Massagebewegungen mit.

Es ist ein schöner Sommermorgen. Wir liegen im Bett. Die ersten Sonnenstrahlen kitzeln unser Gesicht und wecken uns auf. Die Sonne scheint schon lange und warm am Himmel.	*Mit dem Finger eine Sonne auf den Rücken malen*
Da kommt uns eine gute Idee: Bei dem schönen Wetter sollten wir gleich ins Schwimmbad gehen! Wir nehmen unsere Tasche mit den Badesachen und laufen schnell Richtung Schwimmbad.	*Mit den Fingern über den Rücken laufen*
Wir sind angekommen und breiten unser Handtuch auf dem Boden aus.	*Mit der Hand über den Rücken streichen*
Bevor wir ins Wasser gehen, wird geduscht.	*Die Finger trommeln sanft auf dem Rücken*
Nun springen wir ins Wasser und schwimmen los.	*Mit beiden Händen von der Rückenmitte in kreisförmigen Bewegungen über den Rücken streichen*

Wir krabbeln aus dem Wasser und springen vom Beckenrand wieder hinein.	*Druck mit der Handfläche in den Rücken geben*
Immer wieder springen wir ins Wasser.	*Handfläche setzt an verschiedenen Stellen auf*
Nun reicht es uns. Wir steigen aus dem Wasser, nehmen das Handtuch und rubbeln uns trocken.	*Hände rubbeln über den Rücken*
Dann cremen wir uns mit Sonnencreme ein.	*Hände streichen über den Rücken*
Wir legen uns hin, schließen die Augen und lassen uns von der Sonne den Rücken wärmen.	*Hände auf den Rücken legen, am Ende vorsichtig lösen und das Kind nachspüren lassen*

Die Wettervorhersage für morgen

Alter: ab 4 Jahren **Gruppenstärke:** ab 2 Kinder

Das brauchen Sie: Matten oder Decken

Vorbereitung: Die Matten werden kreisförmig ausgelegt.

So geht es:

Die Kinder bilden Paare. Ein Kind legt sich bäuchlings auf die Matte oder sitzt bequem im Schneidersitz. Das andere Kind setzt sich daneben bzw. dahinter. Die pädagogische Fachkraft erzählt nun die Wettervorhersage und die Kinder spielen diese mit den Händen auf dem Rücken des liegenden Kindes mit.

Morgens beginnt der Tag erst herrlich warm mit viel Sonne.	*Mit der Hand über den Rücken streichen*
Doch schon bald ziehen Regenwolken auf und es beginnt vereinzelt ein wenig zu tropfen.	*Mit einzelnen Fingern auf den Rücken drücken*

Schnell wird der Regen stärker.	*Mehrere Finger drücken gleichzeitig in den Rücken*
Der Regen wird so stark, dass das Wasser nur so an den Häusern herunterläuft.	*Mit den Handflächen über den Rücken streichen*
Dann beginnt es sogar zu gewittern.	*Mit den Fäusten abwechselnd auf den Rücken klopfen*
Das Gewitter wird weniger und der Regen auch. Die Sonne kommt wieder heraus.	*Mit der Handfläche über den Rücken streichen*
Wenn es regnet und dann die Sonne scheint, wachsen die Blumen wieder schön.	*Mit dem Finger eine Blume auf den Rücken malen*

Das Auto in der Waschanlage

Alter: ab 4 Jahren **Gruppenstärke:** 9 Kinder

So geht es:

Die Kinder bilden eine Gasse. Sie sind die Waschanlage. Die zwei Kinder, die sich in der Gasse gegenüber stehen, bilden eine Station und haben dieselbe Aufgabe. Ein Kind ist das Auto und geht langsam durch diese Gasse.

1. Station: Das Auto wird eingeschäumt.	*Mit den Händen über Rücken, Schulter und Hände streichen*
2. Station: Das Auto wird geschrubbt.	*Mit den Fäusten über Rücken, Schultern und Arme schrubben*
3. Station: Das Dach wird vorsichtig gesäubert.	*Mit der Hand sanft den Kopf streicheln*
4. Station: Die Scheiben werden gewischt.	*Über die Arme wischen*

5. Station: Der Fön pustet das Auto trocken.	*Pusten*

Variation:

Das Kind sitzt im Schneidersitz auf einem Rollbrett und wird von einem anderen Kind langsam durch die Waschanlage geschoben.

Automassage

Alter: ab 4 Jahren **Gruppenstärke:** ab 2 Kindern

Das brauchen Sie: Spielzeugautos, Matten oder Decken

So geht es:

Ein Kind liegt bäuchlings auf der Matte. Ein anderes Kind setzt sich davor. Die pädagogische Fachkraft erzählt die Geschichte eines kleinen Autos. Die Kinder spielen die Geschichte auf dem Rücken des liegenden Kindes mit.

Bevor das Auto losfährt, muss die schmutzige Straße gefegt werden.	*Mit den Händen über den Rücken streichen*
Nun kann es losgehen. Das kleine Auto will eine Spazierfahrt machen.	*Das Auto wird auf den Rücken gelegt*
Es fährt hoch und runter.	*Mit dem Auto den ganzen Rücken hoch und runter fahren*
Erst fährt es langsam …	*Langsam fahren*
und dann fährt es schnell!	*Schnell fahren*
Nun fährt das Auto Kurven und Schlangenlinien.	*Kurven und Schlangenlinien fahren*

Was ist denn nun los? Wie sieht es hier denn aus? Das Auto hat sich verfahren und weiß gar nicht mehr, wo es ist. Wie kommt es nach Hause? Es fährt die Beinstraße entlang bis zum Fuß, und wieder hinauf, …	*Ein Bein bis zum Fuß hinunterfahren und wieder zurück*
dann fährt es die andere Beinstraße entlang und wieder hinaus.	*Das andere Bein bis zum Fuß hinunterfahren und wieder zurück*
Es fährt wieder über den Rücken und fährt ein paar Kreise auf der Schulter.	*Über den Rücken fahren und über die Schultern kreisen*
Langsam hat es wirklich keine Lust mehr und will nach Hause. Da ist ja der richtige Weg! So weit ist das ja gar nicht bis nach Hause! Hurra! Es fährt mitten auf den Rücken und bleibt stehen.	*Das Auto zur Mitte des Rückens fahren*
Wir schalten den Motor aus. Das Auto bleibt noch eine Weile stehen und erholt sich von der turbulenten Fahrt. Das war anstrengend.	*Die Hand vom Auto nehmen und noch eine Weile auf dem Rücken stehen lassen; das Kind spürt nach*

Wir decken den Tisch

Alter: ab 4 Jahren **Gruppenstärke:** ab 2 Kindern

Das brauchen Sie: Matten oder Decken, Geschirr, Geschirrhandtuch, Schwamm, Dinge, die Essen darstellen (z. B. kleine Verpackungen, Schaumstoffwürfel, Knetgummi)

Vorbereitung: Die Matten werden kreisförmig ausgelegt. Neben jede Matte wird das Material gelegt.

So geht es:

Die Kinder bilden Paare. Ein Kind legt sich bäuchlings auf die Matte. Das andere Kind setzt sich daneben. Die pädagogische Fachkraft erzählt die Geschichte vom Tischdecken und die Kinder spielen die Geschichte auf dem Rücken des Kindes mit.

Bevor wir den Tisch decken und essen, müssen wir den Tisch abwischen.	*Wischbewegungen mit dem Schwamm über den ganzen Rücken*
Dann legen wir die hübsche Tischdecke auf den Tisch.	*Geschirrhandtuch über den Rücken des Kindes legen und glatt streichen*
Nun kann der Tisch gedeckt werden. Wir stellen den Teller, den Becher und das Besteck auf den Tisch. Wir legen noch Brot und Käse dazu.	*Nacheinander die Materialien mit leichtem Druck auf dem Rücken verteilen.*
Was essen wir noch?	*Die Kinder legen noch mehr auf den Rücken und erzählen, was das ist*
Wenn alles auf dem Tisch ist, können wir essen!	*Jedes Teil, das „gegessen" wird, auf den Teller legen, etwas Druck ausüben, dann zurück an den ursprünglichen Platz legen*

Fertig! Wir sind satt! Nun räumen wir den Tisch wieder ab.	*Jedes Teil nacheinander langsam vom Rücken nehmen*
Und nun wischen wir den Tisch noch einmal ab.	*Mit dem Schwamm über den Rücken wischen*

Beim Friseur

Alter: ab 3 Jahren **Gruppenstärke:** ab 2 Kindern

Das brauchen Sie: Stühle, Handtücher, weiche Bürsten (z. B. Babybürsten), Pinsel

So geht es:

Die Kinder finden sich zu zweit zusammen. Ein Kind ist der Friseur und das andere Kind der Kunde. Der Kunde setzt sich auf den Stuhl. Der Friseur rollt ein Handtuch als Nackenkissen. Der Kunde darf den Kopf nach hinten ablegen, die Augen schließen und sich verwöhnen lassen.

Die Haare werden gewaschen: Das Haar wird nass gemacht.	*Mit den Fingern über die Haare streichen*
Dann kommt das Haarshampoo ins Haar und wird lange einmassiert.	*Mit den Fingerkuppen in kreisenden Bewegungen den Kopf massieren*
Das Shampoo wird wieder ausgewaschen.	*Mit den Fingern über das Haar streichen*
Die Haare werden geschnitten.	*Leicht an den Haaren ziehen*
Die Haare werden gefärbt.	*Mit einem Pinsel über das Haar streichen*
Die Farbe wird wieder auswaschen.	*Mit den Fingern über das Haar streichen*

Die Haare werden getrocknet.	*Mit einem kleinen Handtuch sanft über das Haar rubbeln*
Die Haare werden gebürstet. Was hat der Kunde noch für Wünsche?	*Mit einer weichen Bürste über die Haare streicheln*

Wir massieren die Hände

Alter: ab 5 Jahren **Gruppenstärke:** 2 Kinder

Das brauchen Sie: Handcreme

So geht es:

Zwei Kinder sitzen sich gegenüber. Die Kinder entscheiden sich, wer zuerst eine Handmassage bekommt und wer eine Massage gibt. Das Kind, welches eine Massage gibt, hält dem anderen die geöffnete Hand hin und das andere Kind legt die Hand hinein. Es bekommt etwas Handcreme von der pädagogischen Fachkraft. Nun beginnt die Massage:

→ Die Handfläche wird in kreisenden Bewegungen massiert.

→ Von der Handinnenfläche aus wird jeder einzelne Finger massiert.

→ Die Zwischenräume der Finger werden massiert.

→ Die gesamte Hand wird vom Handgelenk aus über die einzelnen Finger ausgestrichen, als wolle man die Finger länger ziehen.

→ Abschließend darf der Masseur eine Blume auf die Handinnenfläche malen. Das massierte Kind darf dabei die Augen schließen. Kann es sich die Blume vorstellen? Wie sieht sie aus?

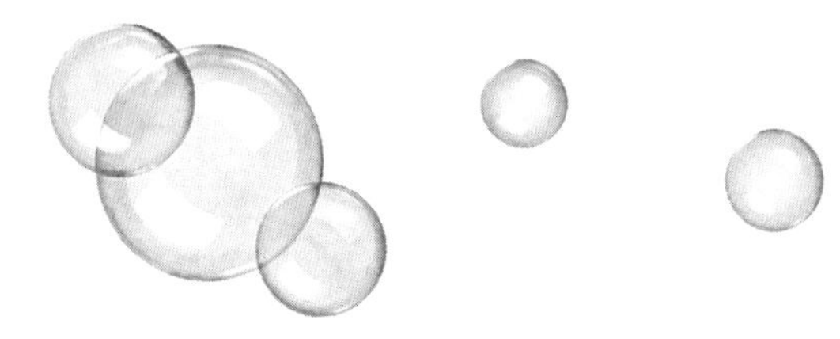

Ich massiere mich selbst

Alter: ab 3 Jahren **Gruppenstärke:** ab 1 Kind

Das brauchen Sie: Tennisbälle oder Igelbälle

So geht es:

Jedes Kind bekommt einen Ball. Es massiert sich selber damit, indem es den Ball in die Hand nimmt und mit kreisenden Bewegungen über die Körperteile fährt, die erreichbar sind. Um den Rücken oder den Po zu massieren, können die Kinder sich auch auf den Ball legen und über ihn rollen. Auch die Füße können stehend oder sitzend über den Ball rollen. Die Kinder können sich vorstellen, dass der Ball in Farbe getaucht ist und der ganze Körper soll mit der Farbe bemalt werden. Wie kommt die Farbe an jede Stelle des Körpers?

Die Clown-Gesichtsmassage

Alter: ab 5 Jahren **Gruppenstärke:** 2 Kinder

Das brauchen Sie: Matten oder Decken, Schminkstifte

So geht es:

Die Kinder finden sich zu zweit zusammen. Sie legen fest, wer der Zirkusclown ist und wer schminken darf. Zunächst sitzen beide bequem im Schneidersitz auf der Matte. Sie lockern ihre Gesichtsmuskulatur und ziehen Grimassen wie ein Zirkusclown. Dann legt sich der Clown auf die Matte und schließt die Augen. Das Gesicht sollte ganz entspannt sein. Das andere Kind schminkt dem Kind ein Clownsgesicht.

Variation:

Die Kinder schminken nicht tatsächlich, sondern spielen es mit dem Finger.

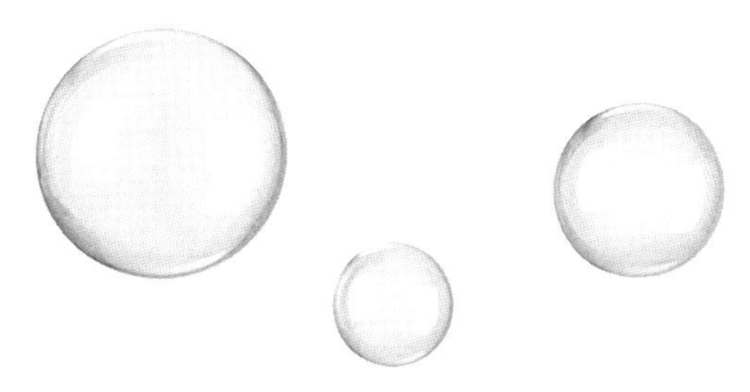

Wir verwöhnen die Füße

Alter: ab 3 Jahren **Gruppenstärke:** 1 Kind

Das brauchen Sie: Waschlappen, kleine Wanne mit Wasser, Handtücher, Matte, Massageöl

So geht es:

Das Kind zieht seine Schuhe und Strümpfe aus. Die pädagogische Fachkraft wäscht dem Kind die Füße mit einem Waschlappen und lauwarmen Wasser. Das Kind legt sich bequem in Rückenlage auf eine Matte. Die pädagogische Fachkraft nimmt sich ein paar Tropfen Massageöl in die Hände und beginnt mit der Massage:

→ Der Fuß wird an der Ferse festgehalten und vom Spann abwärts zu den Zehen einige Male gestreichelt.

→ Die Fußsohle wird mit viel Druck von der Ferse bis zu den Zehen gestreichelt.

→ Der ganze Fuß wird geknetet.

→ Die einzelnen Zehen werden geknetet und gestreichelt.

→ Die Zehenzwischenräume werden massiert.

→ Die Ferse wird mit den Fingerkuppen massiert.

→ Die Fußsohle wird mit den Fingerkuppen massiert.

→ Die Außen- und Innenkanten des Fußes werden mit den Fingerkuppen massiert.

→ Der gesamte Fuß wird noch einmal mit Druck gestreichelt.

→ Dasselbe mit dem anderen Fuß wiederholen.

→ Wenn das Kind das Öl vom Fuß waschen möchte, kann es nun die Füße noch einmal waschen.

Variation:

Einigen Kindern ist es nicht angenehm, an den Füßen intensiv berührt zu werden. Manchen ist dieses auch zu kitzelig. Die Kinder können diese Massage auch bei sich selber im Sitzen auf dem Boden durchführen.

Unsere Heizdecke

Alter: ab 3 Jahren **Gruppenstärke:** 3 Kinder

Das brauchen Sie: Wärmflaschen, Kirschkernkissen, Matte oder Decke

Vorbereitung: Die Wärmflaschen werden mit warmem Wasser gefüllt und die Kirschkernsäckchen werden im Ofen erwärmt.

So geht es:

Ein Kind legt sich auf den Rücken oder auf den Bauch auf die Matte. Die anderen Kinder legen (ohne zu sprechen) nach und nach die Wärmflaschen und Kirschkernsäckchen auf den Körper des Kindes, bis das Kind mit einer warmen Decke zugedeckt ist. Nach einigen Minuten der Stille werden die Wärmekissen nacheinander wieder vom Körper genommen.

Variation:

Viele Kinder setzen sich um das liegende Kind. Nach und nach legt jedes Kind seine Hände auf den Körper des liegenden Kindes. Ein paar Minuten bleiben alle Hände dort liegen. Nacheinander werden die Hände wieder weggenommen.

Mein Körper ist schwer wie ein Stein

Alter: ab 4 Jahren **Gruppenstärke:** 4 Kinder

Das brauchen Sie: viele große flache Steine, Matten

So geht es:

Ein Kind legt sich bäuchlings auf die Matte. Die anderen Kinder setzen sich um die Matte. Das Kind auf der Matte schließt die Augen. Es hat die Aufgabe, sich vorzustellen, dass jedes Körperteil ganz entspannt und ganz schwer ist. So schwer wie ein Stein. Die pädagogische Fachkraft sagt einen Körperteil an und die anderen Kinder decken diesen Körperteil mit Steinen zu. Das Kind spürt einen Moment nach. Dann wird der nächste Körperteil angesagt usw. Am Ende war der ganze Körper – mit Ausnahme des Kopfes – mit Steinen bedeckt: der Rücken, der Nacken und die Schultern, der rechte Arm und die Hand, der linke Arm und die Hand, der Po, das rechte Bein und der rechte Fuß und das linke Bein und der linke Fuß.

Massage auf Tennisbällen

Alter: ab 3 Jahren **Gruppenstärke:** 1 Kind

Das brauchen Sie: viele Tennisbälle, rutschfeste Matte oder eine Begrenzung (wie etwa ein Rahmen eines großen Kastens oder vier Tische)

Vorbereitung: Die Bälle werden eng nebeneinander auf eine rutschfeste Matte gelegt. Alternativ werden die Bälle in einen gebauten Rahmen gelegt. Dieser kann beispielsweise ein Kastenelement sein oder vier Tische, die umgekippt im Quadrat aufgestellt werden, so dass sie einen geschlossenen Rahmen bilden. Der Boden im Rahmen wird mit vielen Tennisbällen ausgelegt.

So geht es:

Ein Kind legt sich mit dem Rücken auf die Tennisbälle. Die pädagogische Fachkraft schiebt (z. B. an den Schultern) und zieht das Kind (z. B. an den Füßen) sanft über die Bälle. So wird die Körperrückseite des Kindes massiert. Das Kind kann auch versuchen, sich auf den Bällen zu drehen. Es sollte ausprobieren, welche Bewegungen sich angenehm anfühlen und diese wiederholen bzw. der pädagogischen Fachkraft mitteilen, wie es bewegt werden möchte und wie nicht.

Im Massagelabor

Alter: ab 3 Jahren **Gruppenstärke:** ab 2 Kindern

Das brauchen Sie: Matten oder Decken, Igelbälle, Tennisbälle, Haarbürsten, Zahnbürsten, Schwämme, Spielzeugautos …

Vorbereitung: Die Matten sowie das Material werden im Raum verteilt.

So geht es:

Die Kinder bilden Paare. Ein Kind legt sich bäuchlings auf die Matte. Das andere Kind ist der Masseur. Alle Materialien des Massagelabors dürfen nun zur angenehmen Massage ausprobiert werden. Fühlt sich die weiche Bürste schön an oder zu kitzelig? Sind die kreisenden Bewegungen des Tennisballes angenehmer oder die eines Igelballes? Wie stark darf der Ball auf den Rücken gedrückt werden? Die Kinder sollten stets im Dialog miteinander sein. Sie sollen durch Ausprobieren und Experimentieren herausfinden, welche Art der Berührung für sie angenehm und entspannend ist.

Variation:

Die Kinder schauen sich die Materialien, mit denen massiert werden kann, genau an. Sie legen sich auf die Matte und schließen die Augen. Der Masseur beginnt den Rücken des Kindes mit einem der Gegenstände zu massieren. Das liegende Kind darf erraten, mit welchem der Gegenstände es massiert wird.

Gesichtsmassage – Wir cremen uns ein

Alter: ab 3 Jahren **Gruppenstärke:** ab 1 Kind

So geht es:

Die Kinder sitzen im Schneidersitz im Kreis. Die pädagogische Fachkraft leitet folgende Gesichtsmassage an:

→ Heute ist es warm draußen. Die Sonne scheint und deshalb cremen wir uns ein. (Die pädagogische Fachkraft spielt, dass sie jedem Kind Sonnencreme auf die Hand gibt.)

→ Nun geht es los. Wir beginnen mit dem Gesicht und cremen mit beiden Händen genussvoll das Gesicht ein. Wir schließen dabei die Augen und cremen die Augenlider ein. Wir streichen von den Augen die Wangen hinunter und von der Nase in Richtung Ohren über die Wangen. Weil die Sonnencreme nicht richtig einziehen will, wiederholen wir das ein paar Mal.

→ Wir cremen die Stirn ein und streichen dabei über den Augenbrauen von innen nach außen entlang. Auch das wiederholen wir mehrfach.

→ Die Ohren dürfen wir nicht vergessen! Wir cremen die Ohren überall ein, von allen Seiten, bis sie warm sind und kribbeln.

→ Nun streichen wir abwechselnd mit den Händen das Kinn runter bis zum Hals.

→ Noch ein paar Sonnencremetröpfchen auf die Nase. Fertig!

→ Nun fehlt uns noch ein Sonnenhut! Den setzen wir schnell auf den Kopf und ruckeln ihn etwas zurecht. (Mit beiden Händen an den Kopf fassen und etwas vor- und zurückschieben.)

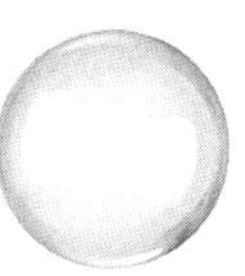

Rückengemälde

Alter: ab 4 Jahren **Gruppenstärke:** ab 2 Kindern

Das brauchen Sie: Matten oder Decken

So geht es:

Die Kinder bilden Paare. Ein Kind liegt bäuchlings auf der Matte oder sitzt im Schneidersitz. Ein anderes Kind sitzt daneben bzw. dahinter. Zuerst wischt das Kind die „Maltafel" sauber, indem es mit den Handflächen über den Rücken streicht. Nun kann das Kind mit dem Finger ein schönes Bild auf den Rücken des liegenden oder sitzenden Kindes malen. Am Ende wird die Tafel wieder sauber gewischt.

Variation:

Aus dieser Aktion entsteht oft ein Ratespiel. Was male ich? Hast du eine Blume gemalt? Da das in der Regel zu schwer zu erraten ist, kann das Spiel etwas verändert werden. Das Kind tippt mit dem Finger auf den Rücken und das liegende oder sitzende Kind muss schnell mitzählen oder erraten, wie oft das Kind getippt hat. Zum „Malen" kann auch ein Pinsel oder ein geschlossener Stift anstatt eines Fingers genommen werden.

Eine Reise mit der Eisenbahn

Alter: ab 4 Jahren **Gruppenstärke:** ab 4 Kindern

So geht es:

Die Kinder setzen sich hintereinander auf den Boden in den Grätschsitz. Der Abstand sollte so groß sein, dass jedes Kind bequem die Hände auf die Schultern des Vorderkindes legen kann. Fertig ist die Eisenbahn. Die pädagogische Fachkraft leitet folgende Massagegeschichte an und gibt die entsprechenden Bewegungen vor.

Die Reise beginnt. Die Eisenbahn fährt los.	*Sanft mit den Handflächen auf den Rücken des Vordermannes klopfen, dabei Eisenbahngeräusche machen*

Die Bahn wird schneller.	*Schnellere Klopfbewegungen und Eisenbahngeräusche*
Nun beginnt es zu regnen und das Dach der Eisenbahn wird nass.	*Abwechselnd mit allen Fingern sanft auf den Kopf des Vordermannes klopfen*
Das Wasser rinnt an den Seiten der Eisenbahn herunter.	*Vom Kopf die Schultern abwärts ausstreichen*
Der Regen hört auf. „Sch – sch – sch" – die Bahn fährt weiter.	*Weiter mit den Handflächen im Takt klopfen*
Dann hält sie an.	*Hände ruhig auf dem Rücken liegen lassen*
Die Bahnfahrer sehen nichts mehr, weil die Scheiben vom Regen so nass sind. Wir reiben die Scheiben trocken.	*Mit der Hand über den Rücken reiben*
Die Scheiben sind trocken! Super! Wir können weiterfahren. Erst langsam, dann schneller, dann wieder langsam.	*Wieder klopfende Hände und Eisenbahngeräusche, erst langsam, dann schneller*
Dann hält die Bahn an. Wir sind zuhause.	*Noch einmal kräftig winken und die Hände ausschütteln (Tschüss) und „aussteigen"*

Federklau

Alter: ab 4 Jahren **Gruppenstärke:** ab 5 Kindern

Das brauchen Sie: buntes Krepppapier, Klebeband, Augenbinde

Vorbereitung: Es werden mindestens so viele 10 cm lange Streifen aus Krepppapier zurechtgeschnitten, wie Kinder mitspielen.

So geht es:

Ein Kind ist der Vogel. An der Kleidung des Kindes werden die Kreppbänder als Federn mit Klebeband angeklebt. Das Kind bekommt die Augen verbunden und stellt sich in die Mitte des Raumes. Die übrigen Kinder versammeln sich im Raum. Es darf nicht gesprochen werden. Nun versuchen die Kinder nacheinander, sich zum Vogel zu schleichen und ihm eine Feder zu klauen. Die pädagogische Fachkraft zeigt jeweils auf ein Kind, welches losschleichen darf. Jeder darf nur eine Feder nehmen. Wer vom Vogel erwischt wird, muss wieder zurück auf seinen Platz und darf es in der nächsten Runde erneut versuchen. Gewonnen hat das Kind, welches die meisten Federn geklaut hat.

Der Triangel-Kreis

Alter: ab 3 Jahren **Gruppenstärke:** ab 5 Kindern

Das brauchen Sie: Triangel

So geht es:

Die Kinder sitzen im Kreis. Es darf nicht gesprochen werden. Ein Kind hat einen Triangel. Alle Kinder schließen die Augen. Das Kind schlägt gegen die Triangel. Die Kinder hören sich den Ton der Triangel an. Erst, wenn der Ton nicht mehr zu hören ist, gibt das Kind das Instrument an das nächste Kind weiter, bis alle Kinder an der Reihe waren.

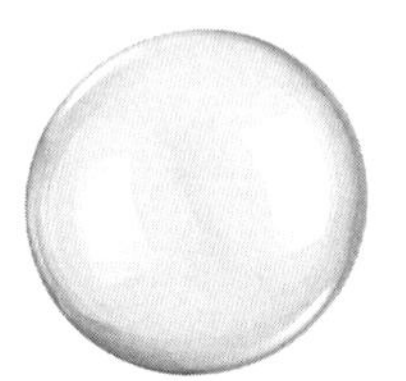

Unser Klangtisch

Alter: ab 3 Jahren **Gruppenstärke:** 1 Kind

Das brauchen Sie: Holztisch, CD-Player, externe Lautsprecher

Vorbereitung: Der CD-Player und die Lautsprecher werden unter dem Holztisch platziert. Die Lautsprecher sollten den Tisch direkt berühren. Die Bässe des CD-Players werden, wenn möglich, voll aufgedreht.

So geht es:

Ein Kind legt sich auf Holztisch. Die pädagogische Fachkraft spielt die CD ab. Der Holztisch überträgt die Schallwellen und diese Schwingungen kann das Kind mit seinem Körper wahrnehmen.

Das Schauspiel in der Flasche

Alter: ab 4 Jahren **Gruppenstärke:** ab 1 Kind

Das brauchen Sie: saubere Plastikflasche (0,5–1 Liter) mit Verschluss, 1 Flasche Pflanzenöl, Lebensmittelfarben, Brausetabletten, Wasser, Decken, Kissen, Meditationsmusik

Vorbereitung: Die Flasche wird zu drei Vierteln mit Pflanzenöl gefüllt und anschließend mit einem Viertel Wasser. Nun werden ein paar Tropfen Lebensmittelfarbe hinzugegeben. Die Flasche wird leicht bewegt, so dass sich die Farbe gleichmäßig in der Flüssigkeit erteilt. Die Brausetablette wird in kleine Teile zerbrochen.

So geht es:

Die Kinder sitzen im Kreis auf Decken und Kissen. In der Mitte steht – gut sichtbar für alle Kinder – die vorbereitete Flasche. Die Kinder sollen sich nun auf die Flasche konzentrieren. Die pädagogische Fachkraft wirft ein Stück Brausetablette in die Flasche. Die Kinder können nun einen meditativen Tanz der Gasbläschen in der Flasche beobachten. Die Bläschen bewegen sich langsam und schließen sich zusammen. Dieses ruhige Schauspiel ist fesselnd und beruhigend. Lässt der Effekt der Gasbläschen nach, wirft die pädagogische Fachkraft ein neues Stück der Brausetablette in die Flasche. Um die meditative Ruhe zu unterstützen, kann der Tanz der Bläschen von Meditationsmusik begleitet werden.

Was isst du jetzt?

Alter: ab 3 Jahren **Gruppenstärke:** ab 1 Kind

Das brauchen Sie: verschiedene kleine Dinge zum Essen (wie Käsewürfel, Schinkenwürfel, Weintrauben, Erdbeeren, Apfelstücke, Brotstücke, Keksstücke), Zahnstocher, Augenbinde

Vorbereitung: Die Lebensmittel werden in kleine Stücke geschnitten und jeweils auf einen Zahnstocher gepiekt.

So geht es:

Auf einem Tisch liegen die kleinen Esshappen. Einem Kind werden die Augen verbunden. Ein anderes Kind „füttert" das Kind nacheinander mit den Happen. Das Kind mit den verbundenen Augen darf nun raten, was es gerade isst.

Wir ertasten Gegenstände

Alter: ab 3 Jahren **Gruppenstärke:** ab 1 Kind

Das brauchen Sie: Augenbinde, verschiedene Gegenstände in doppelter Ausführung (z. B. zwei Wäscheklammern, zwei Plastikbecher, zwei Spielzeugautos)

Vorbereitung: Die Gegenstände werden auf einem Tisch platziert.

So geht es:

Einem Kind werden die Augen verbunden. Nun soll es die Gegenstände ertasten und zwei gleiche finden. Hat das Kind es geschafft, ist das nächste Kind an der Reihe.

Variation:

Wie beim klassischen Memospiel hat jedes Kind einen Versuch. Hat es bei diesem Versuch ein Paar gefunden, ist es nochmals an der Reihe. Gewonnen hat das Kind, welches die meisten Paare gefunden hat.

Bilder im Himmel finden

Alter: ab 4 Jahren **Gruppenstärke:** ab 1 Kind

Das brauchen Sie: Matten oder Decken

So geht es:

Die Kinder liegen bei sommerlichen Temperaturen draußen im Gras auf dem Rücken. Wenn es draußen zu ungemütlich ist, können auch Matten vor dem Fester platziert werden, von denen aus die Kinder liegend die Wolken sehen können. Sie schauen sich die Wolken am Himmel an und denken oder berichten, welche Figuren sie erkennen. Siehst du auch den Hund da oben? Oder das Gespenst mit dem großen Hut?

Zuzwinkern

Alter: ab 4 Jahren **Gruppenstärke:** ab 5 Kindern

Das brauchen Sie: Stühle

Vorbereitung: Es wird ein Stuhlkreis aufgebaut.

So geht es:

Die Kinder sitzen im Stuhlkreis. Nun darf nicht mehr gesprochen werden. Die pädagogische Fachkraft zwinkert einem Kind mit beiden Augen zu. Dieses Kind und die pädagogische Fachkraft tauschen nun die Plätze. Nun darf das Kind jemandem zuzwinkern und auch diese beiden tauschen die Plätze. Das Spiel ist zu Ende, wenn alle die Plätze getauscht haben. Die Kinder müssen sich also gut merken, wer schon an der Reihe war.

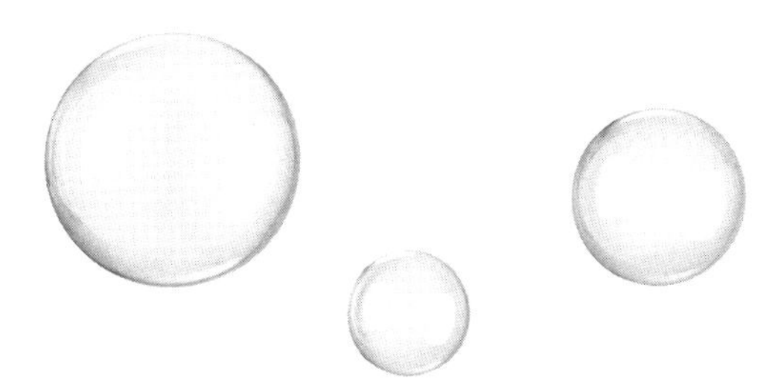

Die angenehme Windmaschine

Alter: ab 3 Jahren **Gruppenstärke:** ab 2 Kindern

Das brauchen Sie: Pappe (DIN A4) oder Pappteller, Matten oder Decken

So geht es:

Ein Kind liegt auf dem Rücken auf der Matte. Es schließt die Augen. Ein oder mehrere andere Kinder fächern dem Kind mit der Pappe angenehmen Wind zu. Das liegende Kind darf entscheiden, was angenehm ist und die Windmaschine erfüllt seine Wünsche. Darf es etwas stärkerer Wind sein? Oder nur ganz zart? Sollen die Haare ein wenig durcheinandergewirbelt werden von der Windmaschine? Der Wind wandert von Körperteil zu Körperteil. Wo soll er verweilen? Wo lieber nicht?

Horch, was kommt von draußen rein?

Alter: ab 4 Jahren **Gruppenstärke:** ab 1 Kind

So geht es:

Die Kinder setzen oder legen sich vor ein geöffnetes Fenster und schließen die Augen. Sie dürfen nicht mehr sprechen, sondern sollen wahrnehmen, was sie von draußen hören. Hundegebell? Kinderlachen? Ein Auto oder Motorrad? Vogelgezwitscher? Nach zwei Minuten bittet die pädagogische Fachkraft die Kinder, die Augen zu öffnen und zu berichten, was sie gehört haben. Haben alle dasselbe gehört?

Variation: Horch, was ist im Sommer los?

Das brauchen Sie: Decken

So geht es: Bei warmem Wetter suchen sich die Kinder einen ungestörten Platz auf dem Außengelände und breiten dort eine Decke aus. Sie legen sich auf die Decke und schließen die Augen. Was ist zu hören? Motorengeräusche in der Ferne? Bienengesumm? Kinderlachen? Ein Rasenmäher? Was ist zu spüren? Ein leichter Wind? Was ist zu sehen, trotz geschlossenen Augen? Helligkeit, wenn die Sonne da ist? Was ist zu riechen? Frisch gemähtes Gras? Nach ein paar Minuten dürfen die Kinder berichten, was sie wahrgenommen haben.

Wärmende Hände

Alter: ab 5 Jahren **Gruppenstärke:** ab 2 Kindern

So geht es:

Jeweils zwei Kinder stehen sich gegenüber und reiben sich die Hände so lange, bis sie warm werden. Nun strecken beide Kinder ihre Hände aus und tun so, als würden sie die Handflächen aneinander legen. Sie sollen so nah an die Handfläche des anderen kommen, dass sie die Wärme der anderen Hände spüren. Die Hände dürfen sich aber nicht berühren. Wenn die Kinder die Wärme der Hände wahrnehmen, sollen sie einen Moment so verharren, die Augen schließen und die wärmenden Hände genießen.

Wer schnarcht denn da?

Alter: ab 4 Jahren **Gruppenstärke:** ab 5 Kindern

So geht es:

Alle Kinder sitzen in einem Kreis und schließen die Augen. Die pädagogische Fachkraft tippt ein Kind an. Dieses darf sich in die Kreismitte legen und laut schnarchen. Nun darf geraten werden: Wer schläft da wohl und schnarcht so laut? Erkennen die Kinder nicht, um welches Kind es sich handelt, so wird es aufgefordert, einen Wecker nachzumachen. Erkennen es die Kinder dann noch immer nicht, sagt das Kind laut „Guten Morgen!" Spätestens dann wird klar, welches Kind in der Kreismitte ist.

Bild-Meditation

Alter: ab 3 Jahren **Gruppenstärke:** ab 1 Kind

Das brauchen Sie: ein detailreiches Bild, wie etwa aus einem Wimmelbuch

So geht es:

Die Kinder sitzen vor dem Bild und betrachten es ganz in Ruhe. Zunächst sollen sie das Bild in aller Stille anschauen. Dann schließen alle die Augen und stellen sich das Bild vor. Anschließend schauen sich alle das Bild noch einmal an. Abschließend darf jedes Kind zeigen, was ihm am besten gefällt oder was es interessant findet.

Regentropfen, die an mein Fenster klopfen

Alter: ab 4 Jahren **Gruppenstärke:** ab 1 Kind

Das brauchen Sie: Kissen, Decken

Vorbereitung: Die Decken und Kissen werden an einem Regentag vor ein Fenster gelegt.

So geht es:

An einem verregneten Tag machen es sich die Kinder vor dem Fenster gemütlich. Die Kinder konzentrieren sich auf die Regentropfen am Fenster. Wie laufen die Tropfen das Fenster hinunter? Welche Wege nehmen sie? Was passiert, wenn sie auf andere Tropfenspuren treffen?

Variation für gutes Wetter: Tropfenbilder herstellen

Das brauchen Sie: Pappe, Wasserfarben, Pinsel, Malunterlage, Meditationsmusik

Vorbereitung: Wasserfarben, Wasser, Pinsel und Pappen werden auf die Malunterlage gelegt.

So geht es: Die Kinder tropfen Farbe auf die Pappe und halten die Pappe mit den Händen fest. Sie stellen sie hochkant vor sich auf die Malunterlage auf den Tisch. Nun beobachten die Kinder, wie die Farbe die Pappe hinunter rinnt und wie ihre Tropfenbilder entstehen. Diese Aktivität kann gut mit meditativer Musik unterstützt werden.

Was hat sich verändert?

Alter: ab 4 Jahren **Gruppenstärke:** ab 2 Kindern

So geht es:

Die Kinder sitzen im Kreis. Ein Kind steht in der Kreismitte. Die Kinder sollen das Kind ganz genau betrachten. Was hat es heute an? Wie sieht es heute aus? Nun schließen alle Kinder die Augen. Das Kind in der Mitte verändert etwas an sich. Es nimmt es beispielsweise die Haarspange aus dem Haar, zieht sich die Hausschuhe verkehrt herum an oder krempelt ein Hosenbein etwas hoch. Auf das Zeichen „Fertig! Ihr könnt gucken!" öffnen die Kinder die Augen. Nun sollen die Kinder genau schauen und entdecken, was das Kind an sich verändert hat. Wer es erraten hat, darf in der nächsten Spielrunde in die Mitte gehen.

Variation:

Zwei oder drei Kinder stehen gleichzeitig in der Mitte. Nun müssen sich die Kinder von Anfang an sehr konzentriert viele Details merken.

Wo ist der Wecker?

Alter: ab 4 Jahren **Gruppenstärke:** ab 2 Kindern

Das brauchen Sie: einen laut tickender Wecker

So geht es:

Die pädagogische Fachkraft versteckt einen Wecker im Raum. Die Kinder sollen ihn durch Hören des Tickens finden. Wer den Wecker gefunden hat, darf ihn als nächstes verstecken.

Variation:

Der Wecker wird auf 5 Minuten gestellt. Schaffen es die Kinder, den Wecker zu finden, bevor er klingelt?

Unser Geräuschelabor

Alter: ab 5 Jahren **Gruppenstärke:** ab 3 Kinder

Das brauchen Sie: Alltagsgegenstände (wie Löffel, Pfanne, Schüssel, Stifte, Bausteine, Kamm, Zahnbürste, Plastikflasche), Vorhang und Leine zum Spannen (oder ein auf die Seite gekippter Tisch mit einem Vorhang davor)

Vorbereitung: Die Gegenstände werden im Raum verteilt.

So geht es:

Die Kinder erzeugen mit Alltagsgegenständen Geräusche, laute, leise, schön oder grässlich … Alles kann erforscht und erprobt werden. Wie klingt es, wenn eine Bürste über Legosteine bürstet? Oder wenn Tischtennisbälle in eine Metallschale gekippt werden? Jedes Kind entscheidet sich nach einer gewissen Zeit für ein Lieblingsgeräusch und merkt sich, wie es zustande kommt.

Die pädagogische Fachkraft spannt eine Leine und hängt einen Vorhang auf. Sie kann auch alternativ einen Tisch auf die Seite kippen und einen Vorhang als Sichtschutz darüber legen. Die Kinder legen alle Gegenstände, die sie für ihr Geräusch benötigen, hinter den Vorhang. Anschließend setzen sie sich vor den Vorhang. Nacheinander darf jedes Kind hinter den Vorhang gehen und sein Geräusch erzeugen. Die Kinder raten, wie das Geräusch gemacht wurde. Sie müssen sich dabei gut konzentrieren. Eine Hilfe ist es, die Augen dabei zu schließen. Wenn das Geräusch nicht erraten werden kann, verrät das Kind hinter dem Vorhang es den anderen.

Variation: Wir gehen auf Geräuschesafari

Das brauchen Sie: Aufnahmegerät

So geht es: Die pädagogische Fachkraft geht mit einer Kleingruppe durch den Kindergarten auf der Suche nach interessanten Alltagsgeräuschen. Sie haben ein Tonbandgerät dabei. Die Kinder einigen sich auf einige Geräusche und nehmen sie auf. Dieses kann beispielsweise ein Lachen des Kochs sein, eine zugeknallte Tür oder eine Klospülung. Anschließend kommen alle Kinder im Kreis zusammen. Sie schließen die Augen und Geräusch für Geräusch wird vom Band abgespielt. Die Kinder erraten, was das Geräusch gemacht hat. War es eine Tür, die zugeknallt wurde? Hat ein Kind so gegackert? Wurde mit Kreide über die Tafel gemalt? Ein Topfdeckel gebürstet oder die Klospülung betätigt?

Peter! Peter!

Alter: ab 5 Jahren **Gruppenstärke:** 2 Kinder

So geht es:

Zwei Kinder finden sich als Paar zusammen. Ein Kind schließt die Augen. Das andere Kind führt das Kind durch den Raum, indem es ein wenig vor ihm geht und leise seinen Namen flüstert. „Peter! Peter!", so lockt das Kind den Peter durch den Raum. Das sehende Kind hat die Aufgabe, das nicht sehende Kind verantwortungsvoll zu lenken, so dass es keine Zusammenstöße mit anderen Kindern gibt.

Ein Gute Nacht-Wunsch wird herum geschickt

Alter: ab 5 Jahren **Gruppenstärke:** ab 4 Kindern

So geht es:

Die Kinder liegen nebeneinander auf dem Boden und reichen sich die Hände. Sie schließen ihre Augen. Ab jetzt darf nicht mehr gesprochen werden. Fühlt ihr, wie warm die Hand des Kindes ist, was neben euch liegt? Die pädagogische Fachkraft erläutert, dass die Kinder die Hand des Nachbarkindes nur locker anfassen sollen. Nun sollen sie einmal die Hand drücken. Haben die Kinder diesen Unterschied ausprobiert, wird das Spiel erläutert: Alle Kinder fassen sich locker an den Händen. Am Anfang der Kinderreihe wird gleich ein Gute Nacht-Gruß losgeschickt, in dem das Kind einmal kurz die Hand des Nachbarkindes drückt. Dieses drückt wiederum einmal kurz die Hand des Kindes neben ihm usw. Das Händedrücken geht also durch die Reihe und bedeutet „Gute Nacht!" Wann ist der Gute Nacht-Gruß beim letzten Kind angekommen?

Variation: „Guten Abend! Gute Nacht! Guten Morgen!"

So geht es: Die Kinder liegen in einer Reihe und fassen sich an den Händen. Nun können nicht nur Gute Nacht-Wünsche durch einfaches Händedrücken weitergegeben werden, sondern auch andere Botschaften. Das erste Kind in der Reihe darf sich aussuchen, welcher Wunsch weitergegeben werden soll, z. B. „Guten Abend" ist zweimal drücken oder „Guten Morgen" ist mit dem Daumen über den Handrücken des anderen Kindes streichen. Ist der Gruß am Ende der Kette angekommen, darf das letzte Kind nach vorn gehen und sich an den Anfang der Reihe legen. In der nächsten Runde darf es also einen Gruß losschicken. So hat jedes Kind die Chance, einmal vorn zu sein.

Der Gorilla ist los!

Alter: ab 3 Jahren **Gruppenstärke:** ab 1 Kind

So geht es:

Die Kinder stehen im Kreis. Sie stehen mit beiden Füßen fest auf dem Boden und stehen stolz und aufrecht. Beim Einatmen nehmen sie die Arme weit auseinander, so dass sich der Brustkorb wölbt. Beim Ausatmen schreien sie ein lautes „Uuuuuaaa!", bis die ganze Luft aus dem Brustkorb und dem Bauch ausgeatmet ist. Sie können mit den Fäusten zusätzlich gegen den Brustkorb klopfen. Dann klingt der Gorilla noch gefährlicher und die Kinder spüren sich noch besser. Wie laut und lange können die Gorillas schreien?

Ein Schläfchen zu zweit

Alter: ab 4 Jahren **Gruppenstärke:** 2 Kinder

Das brauchen Sie: Decken/Matten

Vorbereitung: Zwei Matten/Decken werden nebeneinander gelegt.

So geht es:

Zwei Kinder legen sich dicht nebeneinander auf den Rücken auf eine Matte oder Decke. Die Füße des einen Kindes liegen dann neben dem Kopf des anderen Kindes und umgekehrt. Die Kinder schließen die Augen und atmen bewusst tief ein und aus. Sie legen ihre linke bzw. rechte Hand auf den Bauch des anderen Kindes. Spürt ihr, wie sich der Bauch des anderen Kindes beim Ein- und Ausatmen bewegt? Könnt ihr auch in einem gemeinsamen Rhythmus atmen?

Variation: Den Atem spüren

Alter: ab 5 Jahren **Gruppenstärke:** 2 Kinder

So geht es: Zwei Kinder sitzen Rücken an Rücken. Sie schließen ihre Augen und atmen tief ein und aus. Kannst du das Atmen des anderen spüren? Spürst du, wie sich der Rücken durch die Atmung bewegt? Versucht, gemeinsam ein- und auszuatmen.

Wir pusten ein Feuerwerk

Alter: ab 3 Jahren **Gruppenstärke:** ab 1 Kind

Das brauchen Sie: Pappbecher, Schere oder Korkenzieher, Trinkhalme zum Biegen, buntes Papier, Schale

Vorbereitung: Die pädagogische Fachkraft bohrt mit der Schere oder dem Korkenzieher ein Loch in den Boden des Pappbechers. Durch dieses Loch wird der Strohhalm von unten mit der kurzen Seite hineingesteckt und im 90 Grad-Winkel geknickt. Die Kinder reißen oder schneiden kleine Schnipsel aus buntem Papier und legen sie in eine Schale.

So geht es:

Jedes Kind bekommt eine Feuerwerksmaschine. Nun kann es gleich losgehen: Die Kinder füllen die Schnipsel in ihren Becher. Sie atmen gemeinsam tief ein und wieder aus. Beim Ausatmen pusten sie kräftig durch den Trinkhalm, so dass „die Funken fliegen", denn die Papierschnipsel fliegen durch die Luft.

Der Kinderluftballon

Alter: ab 3 Jahren **Gruppenstärke:** ab 5 Kindern

So geht es:

Die Kinder stehen eng im Kreis und halten sich an den Händen. Nun beginnen sie gemeinsam ein- und auszupusten. Bei jedem Ausatmen gehen sie ein Stück nach hinten, so dass der Kreis immer größer wird. Irgendwann ist der Kreis so groß, dass sich die Kinder gerade noch anfassen können. An diesem Punkt lässt die pädagogische Fachkraft pantomimisch die Luft aus dem „Kinderballon". Die Kinder quietschen und laufen schnell wieder in die Kreismitte. Das Spiel beginnt von vorn.

Variation: Der Ballon platzt

So geht es: Die Kinder stehen in Hand in Hand im Kreis eng zusammen. Mit jedem Ausatmen gehen sie ein Stück zurück, solange, bis sie sich gerade noch an den Händen halten können. Die pädagogische Fachkraft sagt an, dass der Ballon beim nächsten Ausatmen platzt. Die Kinder atmen noch einmal tief ein und pusten die Luft aus. Dann lassen sie sich los, rufen „Peng!" und plumpsen auf den Boden.

Luftmatratze

Alter: ab 5 Jahren **Gruppenstärke:** ab 1 Kind

Das brauchen Sie: Matten oder Decken

Vorbereitung: Die Matten werden im Raum ausgelegt.

So geht es:

Ein Kind ist die Luftmatratze und liegt entspannt auf einer Matte. Nun kommt Luft in die Matratze. Das Kind atmet tief ein, so dass sich der Brustkorb mit Luft füllt und Spannung in den Körper kommt. Anschließend wird der „Stöpsel gezogen" und die Luft entweicht langsam mit einem „Pfffffff". Der Körper liegt wieder entspannt auf dem Boden. Dies wird mehrmals wiederholt. Spürt, wie die Luft den Bauch ganz groß macht. Spürt, wie schlapp die Luftmatratze auf dem Boden liegt.

Ein Seifenblasentanz

Alter: ab 4 Jahren **Gruppenstärke:** ab 1 Kind

Das brauchen Sie: Seifenblasen (wenn sie selber hergestellt werden: grüne Seife, Glyzerin und Wasser), Meditationsmusik

Vorbereitung: Seifenblasen können auch selber hergestellt werden. Dafür werden 4 EL grüne Seife, 4 EL Glyzerin und 1 l warmes Wasser benötigt. Das Wasser wird in der Seife aufgelöst. Das Glyzerin wird dazugegeben und dann wird alles miteinander verrührt.

So geht es:

Die pädagogische Fachkraft macht Meditationsmusik an. Die Kinder pusten vorsichtig die Seifenblasen. Sie schauen ihnen nach. Sie pusten sie noch einmal sanft an und lassen sie in der Luft tanzen. Es dürfen keine Seifenblasen absichtlich zerstört werden. Wie lange schweben sie? Wo schweben sie hin?
Bei jüngeren Kindern sollte die pädagogische Fachkraft die Seifenblasen pusten. Die Kinder sitzen oder liegen auf dem Boden und schauen sich den Seifenblasentanz zur Musik an.

Unsere Kuscheltierschaukel

Alter: ab 3 Jahren **Gruppenstärke:** ab 1 Kind

Das brauchen Sie: Matten oder Decken, Kuscheltiere

Vorbereitung: Die Matten werden kreisförmig ausgelegt. Die Kuscheltiere werden in die Raummitte gelegt.

So geht es:

Jedes Kind setzt sich auf eine Matte. Die pädagogische Fachkraft erklärt, dass in der Mitte viele Tiere liegen, die heute in den Schlaf geschaukelt werden wollen. Jedes Kind darf sich ein Kuscheltier aussuchen und mit auf seine Matte nehmen. Zunächst stellt jedes Kind sein Tier mit Namen vor. Dann geht es los. Die Tiere müssen zuerst noch einen Moment warten und dürfen sich auf die Matte legen. Die Kinder legen sich auf den Rücken und atmen tief ein und aus. Sie sollen sich nun auf sich konzentrieren und wahrnehmen, wie sich der Bauch beim Einatmen mit Luft füllt und ganz dick wird und beim Ausatmen die Luft entweicht und der Bauch wieder flach wird. Nun legen sie sich das Tier auf den Bauch. Durch tiefes Ein- und Ausatmen wird es in den Schlaf geschaukelt. Auf und ab. Auf und ab.

Das gluckernde Wasserbett

Alter: ab 4 Jahren **Gruppenstärke:** ab 2 Kindern

Das brauchen Sie: Matten oder Decken

So geht es:

Die Kinder bilden Paare. Ein Kind legt sich auf den Rücken auf eine Matte. Das andere Kind legt sich mit dem Kopf (mit dem Ohr) auf den Bauch des liegenden Kindes. Das liegende Kind atmet tief ein und aus, so dass der Kopf des anderen Kindes sanft zu schaukeln beginnt. Dabei kann es den beruhigenden gluckernden Geräusche des Bauches lauschen – ein herrliches Wasserbett für den Kopf.

Wie Zwerge zu Riesen werden

Alter: ab 4 Jahren **Gruppenstärke:** ab 3 Kindern

So geht es:

Die Kinder verteilen sich im Raum und machen sich so klein, wie es nur geht. Sie hocken, sitzen oder liegen eingerollt am Boden zusammen. Sie sind kleine Zwerge. Jeder Zwerg möchte gern ein Riese werden, um zu sehen, wie die Welt von oben aussieht. Die kleinen Zwerge werden nun zu Riesen. Das geht ganz einfach: Sie beginnen, tief ein- und auszuatmen. Mit jedem Ausatmen wachsen sie ein Stück. Erst, wenn sie ganz groß sind und nicht mehr größer werden können, sind sie Riesen geworden. Und wie sieht die Welt von oben aus?
Nun wollen die Zwerge wieder Zwerge sein! Sie atmen wieder tief ein und aus und mit jedem Ausatmen werden sie ein Stück kleiner. Solange, bis sie wieder kleine Zwerge nah am Boden sind.

Wir pusten die Kerze aus

Alter: ab 3 Jahren **Gruppenstärke:** ab 1 Kind

Das brauchen Sie: Kerze, Feuerzeug

Vorbereitung: Eine Kerze wird auf die Mitte des Tisches gestellt. Der Raum wird etwas verdunkelt.

So geht es:

Die Kinder versammeln sich am Tisch. In der Mitte des Tisches steht eine Kerze. Die pädagogische Fachkraft zündet die Kerze an und bittet die Kinder, die Flamme der Kerze zu betrachten. Wie sieht die Flamme aus? Wie bewegt sie sich? Welche Farben hat die Flamme? Auf ein Zeichen hin atmen die Kinder gemeinsam tief ein und pusten die Kerze dann aus. Sie schauen dem Rauch so lange nach, bis er nicht mehr zu sehen ist. Wie bewegt sich der Rauch? Wie riecht er? Wohin verschwindet er? Wie lange ist er zu sehen?

Wir atmen Farben

Alter: ab 4 Jahren **Gruppenstärke:** ab 1 Kind

So geht es:

Die Kinder stellen sich im Kreis auf. Sie atmen tief ein und aus. Dabei ist besonders das intensive Ausatmen wichtig. Spürst du, wie die Luft durch den Mund aus dem Körper kommt? Versuche, so lange wie möglich auszuatmen, bis keine Luft mehr im Bauch ist. Stelle dir nun vor, dass du deine Lieblingsfarbe ausatmest. Atme tief ein und nun sprühst du, so wie ein Feuerdrache Feuer speit, deine Lieblingsfarbe vor dir in die Luft. Versuche den ganzen Raum mit deiner Farbe zu füllen.

Variation: Beim Ausatmen kommt ein Ton

Alter: ab 3 Jahren **Gruppenstärke:** ab 3 Kindern

So geht es: Die Kinder stehen im Kreis. Sie atmen tief ein. Beim Ausatmen singen alle ein „A". Das „A" sollte so lange wie möglich erklingen. Zur Unterstützung können sich die Kinder die Hände auf den Bauch legen und beim Ausatmen gegen den Bauch drücken, so dass ein langes „A" herauskommt. Nach ein paar Runden „A" kommen danach „I", „O" und „U". Gibt es auch Wörter, die wir ausatmen können? Z. B. „Ja!", „Nee!" oder „Hui!"

Ein Sommertag mit Tüchern

Alter: ab 4 Jahren **Gruppenstärke:** ab 4 Kindern

Es ist ein schöner Sommertag. Die Sonne scheint. Wir laufen barfuß im Garten umher. Das Gras fühlt sich angenehm weich unter unseren Füßen an. Die Blumen blühen in bunten Farben und sogar Schmetterlinge fliegen im Garten umher.

Wir tanzen mit Schmetterlingen

Das brauchen Sie: Chiffontücher, ruhige Musik

Vorbereitung: Die Kinder ziehen ihre Schuhe und Strümpfe aus.

So geht es:

Jedes Kind bekommt ein Chiffontuch. Die Tücher sind Schmetterlinge. Die pädagogische Fachkraft macht ruhige Musik an. Die Kinder tanzen mit den Tüchern langsam zur Musik bzw. lassen die Schmetterlinge tanzen.

Die pädagogische Fachkraft kann beispielsweise folgende Tanzimpulse geben:

→ Das Tuch wird hochgeworfen und wieder aufgefangen

→ Das Tuch wird hochgeworfen und fällt auf den Boden.

→ Das Tuch wird geschwungen.

→ Es werden Kreise mit dem Tuch in die Luft gemalt.

→ Die Kinder drehen sich mit dem Tuch in der Hand.

Die Sonne blendet im Gesicht. Die Schmetterlinge mögen das nicht. Sie fliegen fort. Auch für uns ist es etwas unangenehm, wenn die Sonne uns blendet. Doch dagegen können wir etwas tun.

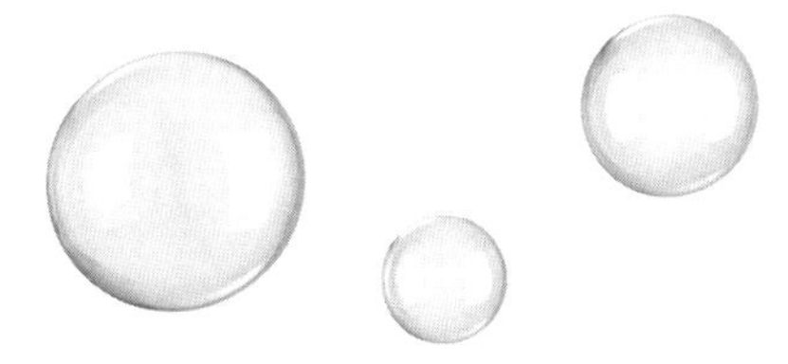

Die Sonne blendet

Das brauchen Sie: Chiffontücher

So geht es:

Die Sonne blendet. Deshalb legen wir uns ein Tuch über den Kopf und über die Augen. Wir gehen langsam im Raum umher und schauen durch das Tuch. Wie sieht der Raum nun aus? Gelb? Grün? Blau? Wie sehen die Kinder aus, die wir treffen? Wie können wir uns bewegen, damit das Tuch nicht vom Kopf rutscht? Wie können wir uns mit dem Tuch auf dem Kopf hinsetzen und wieder aufstehen? Am Ende dürfen sich alle Kinder so bewegen, dass das Tuch vom Kopf rutscht.

Unser schöner Sommertag geht weiter. Wir gehen zum Badesee und haben ein Handtuch dabei. Dieses legen wir auf den Boden.

Über Handtücher springen

Das brauchen Sie: Chiffontücher

Vorbereitung: Die Kinder legen die Tücher ausgebreitet auf den Boden.

So geht es:

An diesem schönen Sommertag wollen alle Kinder schwimmen. Es ist voll auf der Liegewiese und überall liegen die Handtücher auf dem Boden. Was für ein Gewusel! Die Kinder laufen umher und dürfen die Handtücher nicht berühren. Das Tempo wird gesteigert. Dabei muss aufgepasst werden, dass niemand auf ein Handtuch tritt oder ein anderes Kind berührt.

Nach einer Weile dürfen die Kinder über die Handtücher springen. (Dabei muss darauf geachtet werden, dass genug Platz zwischen den Tüchern ist. Ggf. müssen einige Tücher kurz aus dem Spiel genommen werden.)

Vom Toben sind wir müde.

Wir ruhen uns aus

Das brauchen Sie: Chiffontücher

Vorbereitung: Die Tücher liegen auf dem Boden.

So geht es:

Jedes Kind sucht sich ein Tuch und legt sich drauf. Es liegt bequem auf dem Rücken und schließt die Augen. Nun ist es Zeit, sich auszuruhen. Die pädagogische Fachkraft erzählt folgende Geschichte:
Der Tag neigt sich dem Ende zu. Schön war es. Weißt du noch, wie schön sich das Gras im Garten unter den nackten Füßen angefühlt hat? Jetzt sind die Füße ganz müde und schwer vom vielen Laufen. Auch die Beine sind müde und schwer. Weißt du noch, wie schön die Schmetterlinge mit dir getanzt haben? Die Arme sind nun müde und schwer. Und auch der Rücken und der Bauch sind müde und schwer. Du atmest tief ein, so dass sich der Bauch mit Luft füllt und ganz dick wird. Beim Ausatmen wird der Bauch wieder flach. Nun sind ein paar dunkle Wolken am Himmel. Atme tief durch die Nase ein und atme durch den Mund wieder aus. Puste die dunklen Wolken beim Ausatmen weg! Atme wieder ein und vertreibe die Wolken beim Ausatmen. Puste dabei die ganze Luft aus deinem Bauch gegen die Wolken. Die Wolken bewegen sich tatsächlich. Mach das noch ein paarmal. Geschafft! Die dunklen Regenwolken sind vertrieben und die Sonne scheint wieder. Wir öffnen langsam die Augen und recken und strecken uns auf unserem Handtuch.

Wir stehen auf, nehmen unser Handtuch und gehen zurück in unseren Garten. Nun ist der Tag fast zu Ende. Wir setzen uns in einen Kreis auf den Rasen und genießen den Anblick der schönen Blumen.

Wir lassen die Blumen blühen

Das brauchen Sie: Chiffontücher

So geht es:

Die Kinder setzen sich auf ihr Tuch in einen Kreis. Die pädagogische Fachkraft hat ein Tuch zusammengeknüllt in den Händen. Sie öffnet ganz langsam die Hände, so dass sich das Tuch langsam öffnet. Die Blume ist aufgeblüht. Sie gibt das Tuch dem Kind neben sich. Nun darf dieses die Blume aufblühen lassen. Danach gibt es das Tuch weiter zum nächsten Kind. Jedes Kind darf einmal die Blume blühen lassen.

Die Sonne geht langsam unter. Es ist spät und gleich müssen wir nach Hause. Aber was ist das? Ich höre es laut knallen und zischen! Was kann das nur sein?

Die Sonne geht unter und das Feuerwerk beginnt

Das brauchen Sie: „Feuerwerksmusik" (z. B. klassische Musik), Chiffontücher

So geht es:

Die Kinder stehen nun im Kreis. Sie nehmen ihr Tuch in der Hand. Zur Musik beginnen die Kinder, das Tuch vor ihrem Körper auf und ab zu schwingen. Mit dieser Bewegung kommen die Kinder langsam nach vorn, so dass der Kreis immer kleiner wird und die Tücher sich fast berühren. Nun ist das Feuerwerk auf seinem Höhepunkt. Auf ein Zeichen hin nehmen die Kinder das Tuch in die andere Hand. Sie bewegen sich weiter so und gehen langsam wieder auseinander. Am Platz wirbeln sie die Tücher in hohen Bogen oder Zick-Zack-Linien vor und neben sich. Die Bewegungen werden kleiner und langsamer. Das Feuerwerk ist vorbei.

Wir decken uns zu und kommen zur Ruhe

Das brauchen Sie: Chiffontücher, Musik des Schmetterlingstanzes

So geht es:

Die Kinder legen sich auf den Boden. Die pädagogische Fachkraft deckt jedes Kind mit seinem Tuch zu. Die Kinder schließen die Augen. Die pädagogische Fachkraft macht noch einmal die Musik vom Schmetterlingstanz an. Die Kinder lauschen der Musik. So lassen sie den schönen Sommertag langsam ausklingen.

Auf dem Pferdehof

Alter: ab 4 Jahren **Gruppenstärke:** ab 4 Kinder

Heute sind wir zu Besuch auf einem Pferdehof. Am liebsten wollen wir gleich reiten.

Wir machen einen Ausritt

Das brauchen Sie: Seile

So geht es:

Die Kinder bilden Paare. Ein Kind ist das Pferd und eines ist der Reiter. Das Seil wird dem Pferd vor den Bauch gespannt, so dass beide Seilenden vom Reiter, der hinter dem Pferd steht, gefasst werden können. Sind alle Pferde und Reiter startklar, kann es losgehen. Die Reiter lenken ihre Pferde im langsamen Schritttempo durch den Raum. Wenn sie nach links ziehen, laufen die Pferde eine Kurve nach links, wenn sie nach rechts ziehen, eine Kurve nach rechts, und wenn an beiden Zügeln gezogen wird, bleibt das Pferd stehen. Die Pferde müssen sich sehr auf die Anweisungen konzentrieren und diese umsetzen und die Reiter müssen aufmerksam sein, dass es keine Zusammenstöße mit anderen Pferden gibt. Nach einer Weile tauschen Pferde und Reiter die Rollen und wiederholen das Spiel.

Erweiterung:

Nun wird das Reiten bewegungsintensiver: Pferd und Reiter dürfen im Schritt, Trab und Galopp reiten. Dazu können auch ein paar Hindernisse (Seile am Boden) aufgebaut werden, die von Pferd und Reiter übersprungen werden müssen.

Nach diesem Ausritt im Schritt, Trab und Galopp sind die Pferde sehr müde. Sie kommen in den Stall und werden geputzt.

Wir striegeln unser Pferd

Das brauchen Sie: Matten oder Decken, Tücher, weiche Bürsten

Vorbereitung: Die Matten werden kreisförmig ausgelegt.

So geht es:

Die Kinder setzen sich in ihrer Paarkonstellation auf eine Matte. Sie legen fest, wer zuerst das Pferd und wer der Reiter ist. Die pädagogische Fachkraft leitet folgende Massagegeschichte an. Die Kinder spielen sie mit.

Ihr habt einen schönen Ausritt auf dem Pferd gemacht. Nun seid ihr wieder zu Hause und das Pferd ist ganz müde vom Laufen. Es darf sich auf den Bauch auf die Matte legen.	*Auf die Matte legen*
Nun wollen wir unserem müden Pferd etwas Gutes tun.	*Die pädagogische Fachkraft gibt jedem Reiter ein Tuch und eine Bürste*
Das Pferd ist ganz nass geschwitzt. Zunächst müssen wir es mit dem Tuch trocken reiben.	*Mit dem Tuch über den Rücken reiben*
Nun putzen wir das Pferd mit der Bürste.	*Mit der Bürste über den Rücken streichen*
An einigen Stellen sitzt der Dreck ziemlich fest. Die müssen wir mit kleinen Bewegungen wegreiben.	*Kleine kreisende Bewegungen mit der Bürste machen*
Jetzt werden die Beine geputzt.	*Die Arme und Beine von oben nach unten abbürsten*
Nun ist unser müdes Pferd sauber. Wir loben es, weil es so schön still gehalten hat.	*Den Rücken leicht mit der ganzen Hand abklopfen*

Wir streicheln es noch einmal zum Abschied.	*Den Rücken mit der ganzen Hand und kräftigen Bewegungen ausstreichen*

Nicht nur die Pferde müssen geputzt werden. Auch die Reiter sind beim Ausritt ganz schmutzig geworden. Die Hufe der Pferde haben so viel Sand aufgewirbelt, so dass alle Reiter sandig und staubig sind.

Wir befreien uns vom Sand

So geht es:

Die Kinder stehen im Kreis. Die pädagogische Fachkraft erzählt, dass die Reiter sich nun vom Sand und Staub des Reitplatzes befreien.

→ Zuerst schütteln wir den Sand von den Händen.

→ Wir schütteln den Sand von den Armen.

→ Wir schütteln den Sand von den Schultern.

→ Wir schütteln den Sand von Bauch, Brust und Rücken.

→ Wir schütteln den Sand vom Po.

→ Wir schütteln den Sand von den Beinen und Füßen.

→ Ach – und die Haare sind auch voller Sand!

→ Leider hat das noch nicht gereicht. Deshalb versuchen wir, den Sand abzuklopfen.

→ Wir wuscheln uns durch die Haare.

→ Wir klopfen die rechte Schulter, den Arm und die Hand aus.

→ Wir klopfen die linke Schulter, den Arm und die Hand aus.

→ Wir klopfen die Brust und den Bauch aus.

→ Wir klopfen die Beine und die Füße aus.

→ Und können wir auch den Sand am Rücken und Po ausklopfen?

→ Nun ist schon fast der ganze Sand weg. Den letzten kleinen Rest pusten wir einfach weg.

→ Wir atmen tief ein und pusten gegen den rechten Arm und die rechte Hand.

→ Wir atmen tief ein und pusten gegen den linken Arm und die linke Hand.

→ Wir atmen tief ein und pusten gegen den Bauch.

→ Wir atmen tief ein und pusten das rechte Bein hinunter bis zum rechten Fuß.

→ Wir atmen tief ein und pusten das linke Bein hinunter bis zum linken Fuß.

→ Am Ende schütteln wir noch einmal alle Körperteile auf einmal aus. So. Nun kann wirklich kein Sandkorn mehr an uns sein.

Der Tag auf dem Reiterhof geht zu Ende. Die Reiter sind müde. Sie essen Abendbrot, putzen ihre Zähne und gehen ins Bett.

Die Reiter sind müde

Das brauchen Sie: Decken

So geht es:

Jedes Kind bekommt eine Decke und sucht sich einen Schlafplatz im Raum. Es legt sich hin und benutzt die Decke zum Drauflegen oder auch zum Zudecken. Die pädagogische Fachkraft bittet die Kinder, die Augen zu schließen. Es ist still im Raum. Aber was ist das? Hört ihr das auch? Die pädagogische Fachkraft setzt sich in den Schneidersitz und klopft mit den Händen auf den Oberschenkeln einen Galopprhythmus. Sie erzählt, dass ein Pferd noch gar nicht müde ist und um das Haus der Reiter läuft. „Horcht einmal, wann es stehenbleibt. Wenn ihr meint, dass es stehengeblieben ist, dann hebt eine Hand in die Luft. Wenn das Pferd weiter läuft, dann nehmt die Hand wieder runter." Die pädagogische Fachkraft wiederholt den Galopprhythmus und die Pausen. Dabei kann sie auch einmal ganz leise klopfen, so dass die Kinder sich sehr konzentrieren müssen, um das Pferd zu hören. Mal ist es auch ganz deutlich zu hören. Manchmal verfällt es in einen Trab oder auch einen Schritt. Irgendwann geht das Pferd in den Stall.

Endlich schlafen alle Tiere und alle Menschen auf dem Reiterhof.
Hört ihr sie schnarchen und schnauben?

Literatur

Friebel, Volker: Das Anti-Stress-Buch für den Kindergarten. Entspannungspädagogik für Kinder und Erzieher/innen. Weinheim und Basel, Beltz Verlag 2012

Petermann, Ulrike: Entspannungstechniken für Kinder und Jugendliche. Ein Praxisbuch. Weinheim und Basel, Beltz Verlag 2014, 8. Auflage

Salbert, Ursula: Ganzheitliche Entspannungstechniken für Kinder. Bewegungs- und Ruheübungen, Geschichten und Wahrnehmungsspiele aus dem Yoga, dem Autogenen Training und der Progressiven Muskelentspannung. Münster, Ökotopia Verlag 2014, 8. Auflage

Zimmer, Renate: Erleben, bewegen, entspannen. Wie Kinder zur Ruhe finden. Freiburg, Verlag Herder 2013